Ethereum Handbuch

Alles was Sie zur neuen Kryptowährung wissen müssen. Die Vision, Anwendungen und Gefahren verstehen.

Vincent Lutz

Inhaltsverzeichnis

Der Ethereum

Der Ethereum, was ist das eigentlich? Was verbirgt sich hinter diesem esoterisch anmutenden Namen? Die Antwort auf diese Frage ist nicht so einfach, aber auch nicht so schwer. Hinter dem Namen Ethereum verbirgt sich eine Vision, verbirgt sich eine Währung und verbirgt sich ein Treibstoff. Um all dies vorzustellen und zu erläutern, wurde dieses Buch geschrieben. So kann man einen Einblick und ein Verständnis für das digitale Geld im Allgemeinen und den Ethereum als Kryptowährung im Besonderen erhalten.

Die Vision Ethereum ist nicht gerade klein. Der Ethereum will das Internet revolutionieren. Da ist die Rede vom Internet der Dinge und dem Internet der Werte. Es sollen neue Möglichkeiten geschaffen werden, die über das heutige Internet so weit hinausgehen, wie das Internet dereinst über das Telefon. Dabei geht die Vision von einer Fehlentwicklung des heutigen Internets aus. Der Ethereum will diese Fehlentwicklung negieren, indem er dem Internet ganz neue Dimensionen hinzufügt. Ob diese Vision doch so umsetzbar ist, das wird sich erst noch zeigen müssen.

Die Währung Ethereum soll die alten Währungen ersetzen bzw. ergänzen. Sie soll die neuen Möglichkeiten des neuen Internets der Werte bringen. Dabei ist überhaupt erst einmal festzustellen, ob der Ethereum eine Währung darstellt. Dazu bedarf es nämlich einiger konkreter Eigenschaften und es ist mehr als fraglich, ob der Ethereum über diese Eigenschaften verfügt.

Das neue Internet der Werte ist das Medium für die Währung Ethereum. Dahinter verbirgt sich nichts anderes als die Blockchain. Eine Menge Leute sehen in der Blockchain die Zukunft des Internets. Ebenso viele Leute jedoch finden es schwer, zu verstehen, was die Blockchain überhaupt ist. Daher werden wir uns hier ein wenig mehr mit dieser Kette aus Blöcken befassen. Die Blockchain ist die Basis für den Ethereum und sollte daher in jedem Fall verstanden werden, wenn man sich wirklich an dem Ethereum beteiligen oder sich auch nur eine Meinung darüber bilden möchte.

Die Blockchain bzw. das Internet der Werte ist ebenfalls einfach nur eine neue Form eines Netzwerkes. Dieses Netzwerk hat seine eigenen, ganz besonderen Eigenschaften, die man ebenfalls verstehen muss, wenn man den Ethereum verstehen will.

Der Ethereum hat den Anspruch, eine Währung zu sein. Unabhängig davon, ob er wirklich eine Währung darstellt, braucht er dazu eine Einheit. Diese Einheit sind die sogenannten Token. Diese Token kann man transferieren, aufbewahren und sie müssen einen Wert verkörpern. Da jedoch das ganze Gebilde des Ethereum komplett digital ist, kann man die Token nicht so einfach mit den Münzen oder Scheinen der alten Währungen gleichsetzen. Man muss sie auf eine andere Weise aufbewahren und übertragen. Wie das alles geht, wird in dem Kapitel über die Token erklärt.

Nun wurde schon davon gesprochen, dass der Ethereum eine bestimmte Vision hat. Damit diese Vision auch tatsächlich Wirklichkeit werden kann, braucht der Ethereum zwei ganz besondere Eigenschaften. Als Erstes muss er eine Währung sein, was in einem eigenen Kapitel behandelt wird. Sollte er keine Währung sein, muss er zumindest einen Wert verkörpern. Ist dies gegeben, dann braucht er noch eine zweite Eigenschaft. Er muss der Treibstoff des neuen Internets der Werte sein. Dieses funktioniert nämlich nach einem komplett anderen Prinzip als das heutige Internet. Als Treibstoff ermöglicht der Ethereum dann das Internet der Werte erst. Da diese Eigenschaft so wichtig ist, wird auch ihr ein eigenes Kapitel gewidmet.

Der Ethereum steht als digitale Währung nicht allein da. Es gibt eine Menge andere Währungen, die sich im Internet tummeln. Da ist der Bitcoin, der Dash und noch viele andere. Das Kapitel über die anderen Coins gibt einen kleinen Einblick in die Konkurrenz des Ethereum. Es werden einige davon dargestellt und auch ihre Visionen werden erläutert.

Der Ethereum, wenn er all das ist, was er sein will, eine Vision, eine Währung und ein Treibstoff kann das Investitionsobjekt schlechthin sein. Das gilt umso mehr, wenn man sich die oft astronomischen Steigerungsraten der digitalen Coins anschaut. Daher wird in einem eigenen Kapitel dargestellt, wie man genau in diese Währung investieren kann. Dabei sind die Investitionsformen durchaus auch auf andere Coins übertragbar.

Natürlich lauern da, wo es um Geld und Werte geht, auch Gefahren. Diese Gefahren sind umso größer, weil das Thema Kryptowährungen noch recht neu und mit vielen Unbekannten versehen ist. Damit ist es leicht, ein Betrugsschema aufzubauen. Daneben ist es aber auch die Eigenschaft der Währung selbst, die es gefährlicher als Papiergeld macht. Da geht es um Viren, gezielte Hackerangriffe und die Verantwortung des einzelnen Nutzers selbst. Die Kryptowährungen werben geradezu damit, dass man seine eigene Bank ist. Damit ist auf jeden Fall eine weit höhere Verantwortung verbunden als mit dem alten Geld. Dieser Verantwortung muss man aber auch Rechnung tragen. Schließlich und endlich ist da noch die allergrößte Gefahr, nämlich die, dass die Währung selbst einfach wieder über Nacht verschwindet. Diese Gefahren kann man nicht auf die leichte Schulter nehmen, denn es geht um beträchtliche Summen, die sich über die Zeit im Internet ansammeln.

Am Ende folgt eine kurze Zusammenfassung mit einer Anleitung, wie man das hier Erklärte umsetzen kann. Damit wird es jedem leichter fallen, eine informierte Entscheidung zu fällen, ob man sich überhaupt an dem Ethereum beteiligen will und wie man das anstellen kann.

Die Vision

Die Vision des Ethereum ist die Revolution des Internets. Will man dies verstehen, dann muss man sich das Internet als solches erst einmal ansehen.

Das Internet ist ein Netzwerk. Dieses Netzwerk hat Adressen. Die Adressen beginnen mit einem WWW. Hinter diesem Kürzel versteckt sich die Bezeichnung „World Wide Web". Das Internet ist ein Netzwerk für die gesamte Welt. Auch dieses Netzwerk, dieses alte Internet, kam mit einer Vision.

Die Vision des alten Internets war es, Informationen weltweit und für jedermann zugänglich zu machen. Das scheint so auch gelungen zu sein. Jeder kann sich in das Internet einloggen und dann seine Suche beginnen. Einmal im Internet kann man die verschiedensten Seiten aufrufen und die enthaltenen Informationen lesen, hören oder anschauen. Das klingt alles so einfach. Dazu kann man auch über das Internet kommunizieren und so Informationen von Person zu Person senden. Das geht per E-Mail, über verschiedene Messenger-Services und diverse andere Wege, wie zum Beispiel ein Telefonat on Skype. Das Internet hat damit also seine Idee der Informationen für alle verwirklicht. Stimmt das?

Viele sagen, das Internet hat sich von seiner Vision entfernt. Anstatt Informationen für alle, gibt es Machtanhäufungen, die über die Informationen entscheiden. Anstatt eines anonymen Users, der sich über alles informieren kann, gibt es den gläsernen User, der sich überall identifizieren und Regeln befolgen muss. Anstatt also überall einfach

Informationen zu erhalten, gibt der User überall nur seine Informationen preis. Was er dann dafür im Gegenzug erhält, das bestimmen wiederum andere. Schauen wir einmal, was hinter diesem Bild steckt.

Beginnen wir mit der Machtanhäufung oder einfach der Informationshoheit. Wer bestimmt eigentlich darüber, welche Informationen wir erhalten können? Die Antwort darauf scheint so einfach. Wir selbst bestimmen, welche Informationen wir abrufen. Doch das stimmt leider nicht. Es geht nicht um das Abrufen, sondern um das Abrufen können. Informationen müssen im Internet vorhanden sein, damit man sie abrufen kann. Die Zensur findet nicht unbedingt da statt, was man abrufen kann, sondern was man hochladen kann. Wer aber bestimmt, welche Informationen in das Internet gelangen können?

Wie gibt man Informationen in das Internet? Man verwendet dazu Webseiten. Dies können zum einen die Webseiten eines anderen sein oder es können die eigenen Webseiten sein. Nehmen wir einfach einmal die Webseiten eines anderen.

Wer ein Video hochladen will, wird dies wahrscheinlich auf YouTube tun. Wer eine wissenschaftliche, historische oder einfach journalistische Darstellung schreiben will, kann dies auf Wikipedia erledigen. Dies sind nur zwei Beispiele von scheinbar unendlich vielen. Wer aber entscheidet, ob man seine Informationen, sei es als Video oder als Text, auf solche Seiten einstellen kann? Es sind die Betreiber dieser Seiten. Diese schreiben ihre Regeln und diese Regeln muss man befolgen. Dabei ist es wie ein Vertrag zwischen dem Betreiber der Seite und demjenigen, der seine Informationen dort hineinstellen will. Diese Verträge enthalten alle Regeln und oftmals die Klausel, dass es sich die

Betreiber dieser Seiten vorbehalten, jeden Nutzer aus ungenannten Gründen zu sperren.

Die Regeln auf diesen Seiten sind oftmals ziemlich undurchsichtig. Als ob das nicht schon schlimm genug ist, ändern sie sich auch noch oft genug. Daher ist es mitunter sehr einfach, gegen diese Regeln zu verstoßen, auch wenn man das eigentlich gar nicht möchte.

Schlimmer noch wird es mit der Klausel, die es dem Betreiber ermöglicht, jeden Nutzer ohne Nennung von Gründen zu sperren. Natürlich kann man jetzt sagen, dass das fair ist. Die Betreiber stellen die Seite als Plattform zur Verfügung und sie wollen, dass alles in einem bestimmten Rahmen bleibt. Das ist ja auch an sich kein Problem. Das Problem ist nur, dass sie sehr einseitig bestimmen können, wie dieser Rahmen aussieht. Dabei kann man gegen eine Sperrung aufgrund dieser Klauseln noch nicht einmal vorgehen. Der User ist den Betreibern der Seiten einfach ausgeliefert.

Wie sieht es aber mit einer eigenen Webseite aus? Wer eine eigene Seite betreibt, kann doch theoretisch alle Inhalte in das Internet stellen, wie er es mag. Auch hier wiederum stellt sich die Frage, ob das so wirklich stimmt.

Um eine Internetseite in das Internet zu stellen, braucht man Webspace. Den Webspace bekommt man über einen Server. Nun kann man seinen eigenen Server aufstellen und damit permanent im Internet sein, doch das dürfte etwas zu viel Aufwand sein. Leichter ist es, irgendwo etwas Webspace zu mieten. Wenn man dies tut, bekommt man auch gleich ordentliche Programme und Hilfen, um seine Webseite zu erstellen. Es wird einem also leichter gemacht, seine Webseite und damit seine Informationen ins Internet zu stellen. Aber Moment mal, hat man sich damit nicht gleich wieder abhängig gemacht?

Wenn man Webspace bei einem Provider mietet, dann muss man sich gegenüber diesem identifizieren, zahlen und natürlich auch dessen Regeln befolgen. Man hat dann zwar seine eigene Webseite, doch man befindet sich damit auf dem Territorium eines anderen. Man ist erneut abhängig und kann einfach so gesperrt werden.

Nun wurde schon gesagt, dass die Zensur nicht unbedingt beim Abrufen stattfindet, sondern eher beim Hochladen. Leider ist das nur bedingt richtig. Es gibt nämlich auch Staaten mit einer fraglichen politischen Einstellung, die es ihren Bürgern nicht erlauben, alle Arten von Informationen abzurufen. In diesen Staaten sind bestimmte Seiten oder bestimmte Inhalte einfach gesperrt. Wieder also bestimmt ein anderer, was der Einzelne sehen kann und was nicht.

Damit ist nun einfach zu sehen, dass es das gläserne Internet, in welchem man jederzeit alle Informationen erhalten kann, nicht gibt. Es kommt aber wiederum schlimmer. Der User, der ja eigentlich nicht seine Informationen preisgeben sollte, sondern Informationen erhalten will, wird selbst zu einem gläsernen Nutzer. Er muss ständig Informationen über sich preisgeben und hat oftmals nicht das Recht, zu entscheiden, welche dies sind.

Die Informationspreisgabe beginnt schon damit, den Zugang zum Internet zu erhalten. Dazu braucht man einen Internetdienst, der diesen Zugang ermöglicht. Das kann über die Kabelgesellschaft erfolgen, über die Telefongesellschaft oder über andere Wege. Immer jedoch muss man seine persönlichen Informationen und seine

Zahlungsangaben hinterlegen. Man ist also beginnend mit der ersten Sekunde nicht mehr anonym. Schlimmer wird es dann noch, wenn man Informationen einstellen will, vor allem, wenn es sich dabei um eine eigene Webseite handelt. Jetzt muss man sich rundherum identifizieren und durchleuchten lassen. Es kommt aber noch schlimmer.

Mit dem Internet haben sich neue Geschäfts- und Arbeitsmodelle entwickelt. Da sind Freelancer, die sich auf den Internetseiten nach Projekten umsehen, die sie in freier Arbeit, natürlich gegen Bezahlung, dann erledigen können. Da sind die Verkäufer auf eBay und Amazon-Marketplace. Diese bieten ihre Waren wie in einem normalen Ladengeschäft, nur eben im Internet, an. Da sind die Unternehmen, die auf den Seiten Werbung betreiben. Da sind die affiliierten Werber, deren Gewerbe es ist, Kunden für andere Unternehmen zu finden. All diesen sind zwei Dinge gemein.

Als Erstes sind all diese freischaffenden Arbeiter bzw. Unternehmer von dem Internet abhängig. Sie müssen dort ihre Kunden finden. Sie müssen dort ihren Service bzw. ihre Produkte anbieten können. Sie müssen dort ihre Bezahlung erhalten. Sie brauchen dieses Geld, um zu überleben.

Als Zweites sind sie von den jeweiligen Plattformen bzw. Providern abhängig. Sie befinden sich entweder ausschließlich auf den Plattformen von anderen oder sie haben Internetprovider für ihre eigenen Webseiten. Sie sind gläsern, denn sie müssen sich identifizieren. Sie sind den Regeln der anderen unterworfen. Sie können sich nicht wehren, denn egal, wohin sie gehen, sie sind überall nur neuen Regeln unterworfen.

Diese Entwicklung des Internets, die das gläserne Internet durch den gläsernen Nutzer ersetzte und solche Machtstrukturen zuließ, will der Ethereum revolutionieren. Dazu fügt er dem Internet eine weitere Dimension hinzu. Mit dem Ethereum wird das alte Internet, das Internet der Dinge, zum neuen Internet der Werte.

Im neuen Internet der Werte können die Nutzer, dank des Ethereum, Werte zueinander verschicken. Das geht ähnlich einer E-Mail. Das Ergebnis ist, dass man keine Plattformen mehr braucht, um seine Waren anzubieten. Man kann einfach seine Angebote selbst in das Internet stellen und dann, ohne Bankeninfrastruktur oder Ähnlichem, seine Bezahlung erhalten. Das geht schnell, billig und weltweit.

Im neuen Internet der Werte können die Nutzer Werte erschaffen. Damit ist es möglich, dass jeder, absolut jeder Nutzer dem neuen Internet seine Rechenleistung zur Verfügung stellen kann. Damit erschafft er neue Werte, die ihn für seinen Aufwand entschädigen. Man braucht also keine Internetprovider mit ihren Serverfarmen mehr. Die Teilnehmer am Ethereum schaffen sich ihre Rechenleistung und damit ihren Webspace allein.

Im neuen Internet der Werte können die Nutzer ihre eigenen Verträge machen. Das geht über die Smart-Contracts. Diese verbinden die Lieferung einer Ware oder Dienstleistung mit dessen Bezahlung. Dies geht automatisch und ist damit sicher gegen Betrug.

Die Vision des Ethereum ist also nicht wirklich so unterschiedlich von der Vision des alten Internets. Dort ging es um die Informationen für und nicht von jedermann. Diese Vision wurde vergessen und das alte Internet verwandelte sich in das, was es heute ist.

Die Vision des Ethereum ist es nun, die ursprüngliche Vision des Internets Wirklichkeit werden zu lassen. Anstelle des gläsernen Users soll es wieder das gläserne Internet geben. Dies wird noch, notwendigerweise, erweitert durch die Möglichkeit, Werte zu erschaffen, zu versenden und Smart-Contracts abzuschließen. Schauen wir nun in den folgenden Kapiteln, ob sich diese Vision des Ethereum tatsächlich so umsetzen lässt.

Die Währung

Die Vision des Ethereum bzw. die Verwirklichung dieser Vision hängt wesentlich davon ab, ob der Ethereum eine Währung ist oder zumindest einen Wert darstellt. Das Internet der Werte ermöglicht es, Werte zu erschaffen und zu versenden und damit die Macht der alten Institutionen zu brechen. Das Versenden der Werte geschieht über das Versenden der Ethereum-Token. Daraus folgt, dass diese eine Währung darstellen, oder zumindest einen Wert enthalten müssen, damit deren Erschaffung bzw. Versendung auch wirklich eine Erschaffung bzw. Versendung von Werten darstellt.

Will man nun feststellen, ob der Ethereum eine Währung ist, muss man sich zuerst an den alten Währungen orientieren, denn diese haben definitiv den Status von Währungen erlangt. Was also zeichnet den Dollar, den Euro und all die anderen alten Währungen aus? Die Wirtschaftsweisen haben sich eingehend mit dem Thema, was eine Währung zu einer Währung macht, beschäftigt. Dabei haben sich drei Eigenschaften herauskristallisiert. Diese sind: Sie müssen einen allgemeingültigen Wert enthalten, sie müssen eine Zuordnungseinheit darstellen und sie müssen ein Medium des Austausches sein.

Kann dabei die Eigenschaft des Ethereum nur digital vorhanden zu sein, seiner Eigenschaft als Währung entgegenstehen? Der Ethereum als digitale Währung besteht ausschließlich in Computern. Die alten Währungen jedoch sind ebenfalls überwiegend digital. Nur ein paar Prozent sind als Bargeld im Umlauf, während der Rest als digitale Nummern auf den Bankkonten schlummert. Es macht also keinen

Unterschied, ob das Geld digital oder als Scheine bzw. Münzen vorhanden ist.

Schauen wir zunächst auf den Euro. Wie enthält dieser einen Wert? Inwiefern ist er eine Zuordnungseinheit und ist er auch ein Medium des Austausches?

Der Euro braucht als Erstes einen allgemeingültigen Wert. Dies ist nicht nur einfach ein Wert, sondern auch ein Wert, der für jeden gleich ist. Wo aber kommt der Wert einer Währung her?

Wenn man in die Anfänge des Geldes schaut, dann ist der Wert dieses alten Geldes sehr leicht festzustellen. Er bestand in dem Metall, aus welchem die Münzen gemacht waren. Diese bestanden aus Kupfer, für kleinere Werte, Silber, für höhere Werte und Gold, für die höchsten Summen. Diese Metalle sind Edelmetalle und repräsentieren einen Wert auch dann, wenn sie nicht als Münze geprägt sind. Es ist also der Wert des Metalls, der den Wert der Münze bestimmt. Stellt man dem den Euro gegenüber, dann ist der doch eigentlich ziemlich wertlos. Er besteht entweder als Papierschein, als kleine Münzen mit sehr geringem Anteil an Edelmetallen oder, weit überwiegend, aus Zahlen in einem Computer. Da stellt sich doch glatt die Frage, woher der Wert des heutigen Geldes nun wirklich kommt.

Goldmünzen sind ja ganz nett, doch sie werden schnell unhandlich, wenn es um die heutigen Summen geht. Während man durchaus eine Million Euro als Papiergeld in einen Koffer bekommt und herumtragen kann, wäre Gold mit diesem Wert sehr schnell unhandlich und auch viel zu schwer. Eine Abhilfe musste gefunden werden, damit man nicht das Gold mit Lastern überall hinfahren musste. Die Antwort auf das Problem war das Papiergeld mit dem Goldstandard.

Papiergeld an sich ist wertlos oder fast wertlos. Das Papier und die Tinte, die für jeden Geldschein benötigt werden, kommen nicht einmal ansatzweise an den Wert von Gold in einer Goldmünze heran. Andererseits ist Papiergeld sehr einfach herumzutragen. Es musste also ein Weg gefunden werden, dem Papiergeld den Wert von Gold zu verleihen. Dies geschah über den Goldstandard.

Der Goldstandard legt fest, dass ein Staat nur so viel Geld herausgeben kann, wie von Gold und dessen Wert gedeckt ist. Man kann also jederzeit zu einer Bank gehen und seine Papierscheine dort abgeben und dafür eine festgesetzte Menge Gold erhalten. Damit repräsentiert das Geld den Wert von Gold, ohne dass man dafür das Gewicht des Goldes mit sich herumschleppen musste.

Für die Leute war der Goldstandard kein Problem. Sie konnten ihr Papiergeld ja jederzeit in Gold umtauschen und gleichzeitig hatten sie einen echten Wert in ihrem Papiergeld. Natürlich erfolgte kein Sturm auf das Gold in den Banken. Das Papiergeld lässt sich eben viel leichter herumtragen.

Bestimmte Entwicklungen in der nationalen Wirtschaft aber auch im internationalen Finanzgebaren brachten es mit sich, dass auch der Goldstandard unpraktikabel wurde. Das gesamte System brach zusammen. Das Papiergeld wurde von dem Goldpreis abgekoppelt. Dennoch aber gab es keinen Aufstand. Die Leute waren einfach an das Papiergeld gewöhnt. Sie merkten oftmals nicht einmal, dass die Goldbindung entfallen war.

Dazu kommt noch die Eigenschaft als gesetzliches Zahlungsmittel. Die Geschäfte mussten einfach das Papiergeld akzeptieren. Damit hat das Papiergeld auch weiterhin einen Wert. Dieser drückt sich eben nur anders aus. Anstatt den Wert damit festzulegen, welches Gold man für das Geld bekommt, ergibt sich der Wert aus den Waren und Dienstleistungen, die man mit dem Geld erwerben kann. Dazu kommt noch der Wert beim Umtausch des Geldes in eine andere Währung.

Der Wert des Euro ergibt sich damit also aus drei Voraussetzungen. Erstens ist der Euro als Zahlungsmittel bei den Menschen akzeptiert. Zweitens ist sein Wert in den Waren und Dienstleistungen, die man mit ihm erwerben kann, messbar. Drittens bekommt er einen Wert durch die Umtauschkurse in anderen Währungen.

Außerdem muss der Euro eine Zuordnungseinheit sein. Man muss also dem Euro eine Menge an Waren oder Dienstleistungen oder umgekehrt, einer Ware oder Dienstleistung eine Menge an Euro zuordnen können. Dies ist der einfachste Punkt. Man gehe einfach in den nächsten Supermarkt. Dort wird man überall einen Preis finden. Jeder Preis ist die Zuordnung einer Menge an Euros zu einer Ware.

Zudem muss der Euro ein Medium des Austausches sein. Es muss also möglich sein, den Euro für eine Ware oder eine Dienstleistung oder für eine andere Währung einzutauschen. Wie schon das Beispiel mit dem Supermarkt zeigt, kann man den Euro in seinem gesamten Währungsraum gegen Waren eintauschen. Ebenso kann man damit Dienstleistungen bezahlen und ihn in andere Währungen eintauschen.

Der Euro besitzt also zweifellos die Eigenschaften einer Währung, denn er verfügt über einen Wert, ist eine Zuordnungseinheit und lässt sich als Medium des Austausches verwenden. Schauen wir nun, ob der Ethereum ebenfalls diese Voraussetzungen an eine Währung erfüllt und damit eine Währung darstellt. Sollte das nicht der Fall sein, muss er zumindest jedoch einen Wert repräsentieren, denn nur so macht seine Existenz und seine Verschickung die Blockchain zu einem Internet der Werte.

Die erste Frage ist also, ob der Ethereum einen Wert hat. Das Problem ist hier, diesen Wert als solchen überhaupt zu erkennen. Man kann den Wert des Ethereum darüber beziffern, ob man dafür Gold bekommt. Nun wird man sich aber schwertun, einen Goldhändler zu finden, der den Ethereum für sein Gold akzeptiert. Das Gleiche kann man für eine Bank sagen. Es wird sich einfach keine Bank finden lassen, die den Ethereum in Gold umtauscht. Das ist also kein Weg.

Ein anderer Weg ist es, den Wert des Ethereum über die Waren und Dienstleistungen zu definieren, die man mit ihm erwerben kann. Wieder wird man sich schwertun, Händler oder Dienstleister zu finden, die für ihre Waren bzw. ihre Dienstleistung den Ethereum akzeptieren. Dieser Weg führt also auch zu keinem hilfreichen Ergebnis.

Bleibt noch der dritte Weg über den Umtausch oder Verkauf der Währung. Kann man den Ethereum in eine andere Währung umwandeln? Das, interessanterweise, ist möglich. Der Ethereum wird gehandelt und umgetauscht. Damit wird der Ethereum in Euros, Dollars und andere Währungen umgewandelt, sei es, indem man die alten Währungen für Ethereums ausgibt oder für seine Ethereums die alten

Währungen erhält. Damit kann man zumindest über diesem Weg dem Ethereum einen Wert zuschreiben.

Weiterhin muss der Wert allgemeingültig sein. Es muss also ein gewisser Wert vorhanden sein, den alle Leute bereit sind, dem Ethereum zuzuschreiben. Ein Problem hierfür könnten die stark schwankenden Kurse sein. Doch auch hier kann man sagen, während die Kurse zeitlich schwanken, repräsentieren sie doch zu einer bestimmten Zeit einen gewissen Wert, den der Ethereum zu dieser Zeit überall fast gleich hat. In anderen Worten ausgedrückt, wenn der Ethereum einen Umtauschwert hat, dann wird man zum gleichen Zeitpunkt den fast gleichen Umtauschwert fast überall bezahlen. Kurz, der Wert ist allgemeingültig.

Zweitens muss der Ethereum eine Zuordnungseinheit sein. Man muss also den Ethereum benutzen, um den Wert von Waren und Dienstleistungen zu definieren. Das wird sehr schwerfallen. Geht man wieder in den nächsten Supermarkt, wird man enttäuscht sein. Kein Preisschild wird eine Wertezuordnung zum Ethereum durchführen. Auch online wird man kaum Angebote finden, die man in Ethereum bezahlt. Damit ist der Ethereum keine Zuordnungseinheit, zumindest jetzt noch nicht. Alle Preise, und damit alle Werte, werden nach wie vor in den alten Währungen kalkuliert.

Bleibt noch drittens, der Ethereum muss, um als Währung zu gelten, ein Medium des Austausches sein. Man muss ihn gegen Waren und Dienstleistungen und gegen andere Währungen eintauschen können. Auch hier wird man Schwierigkeiten bekommen. Die Zahl der Händler und Dienstleister, die den Ethereum akzeptieren, reicht von sehr klein bis nicht vorhanden. Man kann jedoch den Ethereum in

17

andere Währungen umtauschen. Damit ist er, zumindest in begrenzter Hinsicht, ein Medium des Austausches.

Man kann also feststellen, dass der Ethereum sehr wohl über einen Wert verfügt. Der jeweils gültige Wert ergibt sich aus den Umtauschkursen. Ebenfalls ist der Ethereum in begrenzter Hinsicht ein Medium des Austausches. Dies ist aber tatsächlich nur in begrenzter Hinsicht, denn der Ethereum lässt sich nur in andere Währungen, jedoch nicht in Waren oder Dienstleistungen, umtauschen. Schlussendlich ist der Ethereum keine Zuordnungseinheit. Daran dürfte auch sein stark schwankender Kurs schuld sein. Dieser macht es schwer, den Ethereum zu einer Basis für einen Wert und damit zu einer Zuordnungseinheit zu machen. Somit hat der Ethereum einen Wert und die Minimalforderung ist erfüllt. Mit seinem Wert kann der Ethereum das neue Internet der Werte ermöglichen. Er ist jedoch noch keine Währung, denn er ist keine Zuordnungseinheit. Das bedeutet nicht, dass er nicht irgendwann in den Rang einer Währung aufsteigen kann. Dazu muss er aber zumindest eine gewisse Preisstabilität entwickeln. Das jedoch liegt in der Zukunft und ist derzeit nicht abzusehen.

Die Blockchain

Die Blockchain ist das Medium des Ethereums. Sie ist das Netzwerk. Sie macht den Ethereum erst möglich. Dank der Blockchain kann der Ethereum erschaffen, transferiert und die Smart-Contracts abgeschlossen werden und dies ganz ohne Banken.

Jetzt finden sich bestimmt einige Leute, die sagen, sie konnten auch schon vor der Blockchain Geld versenden. Ohne Blockchain ist dies jedoch unmöglich. Was man vor der Blockchain tat, hat nichts mit dem Versenden von Geld zu tun. Damals ging man online, um seiner Bank per Onlinebanking einen Zahlungsauftrag zu erteilen. Die Bank versendete dann das Geld über den Bankenverbund. Die Blockchain dagegen erlaubt es, das Geld direkt von Person zu Person im Internet zu verschicken. Es gibt keine Bank mehr dazwischen. Die Blockchain ersetzt die Bank.

Wie kann eine Blockchain eine Bank ersetzen? Sie übernimmt ganz einfach deren hauptsächlichste Funktion. Welche Funktion aber verbinden wir mit einer Bank? Dort bewahren wir unser Geld auf und dort leihen wir uns Geld. Das ist aber nicht wirklich die Hauptfunktion einer Bank.

Die Banken, so wie wir sie heute kennen, sind weit jünger, als wir uns das vorstellen. Das kommt daher, dass sie über die Zeit immer mehr Funktionen an sich gezogen haben. Wenn man jedoch das Kerngeschäft einer Bank anschaut, dann ist dieses ungefähr eintausend Jahre alt.

Damals begannen die Banken mit zwei Geschäften und beide betätigen sie noch heute. Das eine ist das Investitionsgeschäft. Das jedoch brauchen wir hier nicht weiter zu betrachten, denn die Blockchain soll nicht Geld ansammeln, um es zu investieren. Das andere Geschäft war der Versand des Geldes.

Vor etwas mehr als eintausend Jahren machten sich die Europäer das erste Mal auf, um Land zu kolonisieren. Dabei hatten sie es auf das heilige Land, das heutige Israel, abgesehen. Der erste Kreuzzug war auch recht erfolgreich. Viele Ritter und Adlige folgten den ersten Kreuzzüglern. Sie brachten oft große Mengen an Gold mit sich, um sich unterwegs zu versorgen und um ihre Armeen zu bezahlen. Das brachte jedoch auch das Risiko des Verlustes durch Raub oder auf dem Schlachtfeld. Daher wurde nach Alternativen gesucht.

Eine Alternative entwickelte sich im Templerorden. Dieser Orden der heiligen Ritter unter der nominellen Führung des Papstes bekam einen großen Einfluss im heiligen Land, aber auch im alten Europa. Sie waren die Krieger des Papstes, so erhielten sie viele Schenkungen. Diese bestanden aus Gold und Land. Der Templerorden war reich, für die damalige Zeit unvorstellbar reich sogar, und er nutzte diesen Reichtum.

Wenn man damals Geld von Europa in das heilige Land schicken wollte oder umgekehrt oder wenn man selbst reisen wollte, konnte man zu einem Haus der Templer gehen. Dort gab man sein Geld ab und erhielt ein Zertifikat. Dieses Zertifikat schickte man per Boten an den Bestimmungsort oder man nahm es mit sich, wenn man selbst reisen wollte. Am Ort seiner Ziele angekommen, ging man in ein anderes Ordenshaus der Templer und dort gab man das Zertifikat ab.

Dafür erhielt man dann sein Geld. Das war sehr einfach und sicher, zumindest einfacher und sicherer, als das Geld selbst zu transportieren.

Auch heute noch ist es die Kernaufgabe der Banken, internationale Finanztransaktionen durchzuführen. Heute jedoch geschieht dies digital und viel schneller als damals. Die Blockchain übernimmt nun diese Aufgabe.

Das Geld, das man innerhalb der Blockchain hat, sind die Ethereum-Token. Dabei ist es jedoch besser von dem Wert zu sprechen als von einem Geld, denn wie bereits festgestellt, ist der Ethereum keine Währung. Wie bei den Templern, so kann man auch heute die Ethereum verschicken. Dazu jedoch braucht man kein Ordenshaus und keine Boten. Man geht einfach online in die Blockchain und erhält ein solches Zertifikat, diesmal jedoch digital. Das Zertifikat wird dann als neuer Block an die Blockchain angehängt. Okay, das war jetzt etwas schnell. Gehen wir es noch einmal und etwas langsamer an.

Nehmen wir zwei Personen. Sagen wir Lieschen ist in Deutschland und hat 10 Ethereum-Token. Diese möchte sie ihrer Freundin Liesa in den USA zukommen lassen. Dazu geht sie als Erstes online und logt sich mit ihrem Code in die Blockchain ein. Jetzt teilt sie der Blockchain mit einer einfachen Eingabe mit, dass sie ihre 10 Ethereum-Token zu Liesa transferieren möchte.

Der Wunsch von Lieschen wird jetzt online in die Blockchain gesendet. Dort stehen die Wächter der Blockchain bereitet. Es handelt sich dabei aber nicht um Templer, die Ritter der Vergangenheit, sondern es handelt sich um die sogenannten Miner, die Buchhalter der Zukunft. Die werden später noch genauer besprochen und es wird auch geklärt, warum man sie Miner nennt. Für jetzt jedoch reicht es, zu wissen, dass die Miner bereitstehen und nach neuen Transfers Ausschau halten.

Entdecken die Miner den Transfer von Lieschen, dann checken sie ihn, ob alles richtig ist. Sie schauen, ob Lieschen wirklich über 10 Token verfügt und ob sie diese nicht schon anderweitig ausgegeben hat. Ist alles mit dem Transfer in Ordnung, dann genehmigt der schnellste Miner diesen und stellt ein Zertifikat aus. Dazu berechnet der Miner eine Prüfsumme. Ist diese gefunden, dann wird sie, gleich einem Siegel, dem Zertifikat hinzugefügt.

Dieses Zertifikat wird dann mit seiner Prüfsumme an die Blockchain angehängt. Die Blockchain wiederum ist eine Kette aus Blocks, wobei jeder Block ein Zertifikat repräsentiert. Damit sind alle Transfers in dieser Kette seit dem Anfang der Blockchain in dieser enthalten und gespeichert.

Ist das Zertifikat als neuer Block an die Blockchain angehängt, dann hat Liesa die 10 Token von Lieschen erhalten. Sie kann die 10 Token nun selbst erneut versenden oder aufheben und später ausgeben. Lieschen jedoch kann dies nicht mehr. Ihre Token befinden sich bei Liesa und Lieschen kann sie nicht erneut ausgeben. Sollte sie dies jedoch versuchen, werden die Miner dies verhindern.

Sollte Lieschen ihre 10 Token, die sie bereits an Liesa transferiert hat, erneut transferieren wollen, sendet sie diesen Transfer erneut in die Blockchain. Wieder stehen die Miner bereit und überprüfen den Transfer. Sie können aber anhand der Blockchain, die alle Transfers speichert, sehen, dass Lieschen ihre 10 Token bereits transferiert hat. Sie werden diesen erneuten Transfer als ungültig markieren und zurückweisen. Dieser wird also nicht Teil der Blockchain und damit auch nicht ausgeführt.

Die Blockchain ist digital gespeichert. Nun könnte jemand sagen, dass sie damit einfach zu fälschen ist. Dem steht aber die Prüfsumme entgegen. Um die Transfers auszuführen, müssen die Miner eine Prüfsumme für jeden einzelnen Transfer errechnen. Diese Prüfsumme enthält die Informationen des neuen Transfers und einen Teil der Prüfsumme des letzten Transfers.

Wollte man also den neuen Transfer fälschen, dann müsste man auch die Prüfsumme des vorhergehenden Transfers fälschen. Da diese Summe aber ebenfalls wieder Daten der Prüfsumme davor enthält, müsste man auch diesen Block und immer so weiter fälschen. Das bedeutet, dass man am Ende die gesamte Blockchain fälschen müsste. Das würde nicht nur eine ungeheure Menge an Rechenkraft verlangen, es würde auch praktisch sofort auffliegen, denn die Miner würden es als Wächter der Blockchain augenblicklich sehen, wenn jemand die alten Blocks fälschen möchte.

Die Blockchain ist das Kontobuch des Ethereum. Sie ist fälschungssicher, denn man kann nicht einfach nur einen Teil fälschen. Man müsste für eine Fälschung das gesamte Kontobuch umschreiben, was sofort entdeckt werden würde. Die Blockchain ist auch das Handelsbuch des Ethereum.

Um wirklich all seine Ziele zu erreichen, ermöglicht es der Ethereum, dass seine Teilnehmer sogenannte Smart-Contracts abschließen. Diese werden ähnlich wie die Transfers mit einer Prüfsumme versehen und an die Blockchain angehängt. In diesen

Smart-Contracts sind Leistung und Bezahlung enthalten. Dabei wird die Leistung bzw. die Bezahlung automatisch freigeschaltet, wenn das jeweils andere erbracht ist. Wer also eine Leistung bestellt, wird automatisch bezahlen, sobald die Leistung abgeliefert ist. Wer eine Ware verkauft, wird diese automatisch bezahlt bekommen, sobald die Ware abgeschickt ist.

Die Smart-Contracts, das Versenden von Werten und die Fälschungssicherheit erlauben eine Reihe von Anwendungen der Blockchain, die weit über das alte Internet herausgehen. Das betrifft den Bankensektor ebenso wie das Vertragsrecht und die Eintreibung von Steuern.

Für das Vertragsrecht ist die automatische Kopplung von Lieferung und Bezahlung interessant. Dazu kann man ganz einfach einen Vertrag definieren. Jemand bestellt eine Ware und die Bezahlung wird an den Versand gekoppelt. Gleichzeitig wird eine Frist oder eine auflösende Bedingung definiert. Haben beide Parteien dem Vertrag zugestimmt, werden die Token beim Käufer, die dem Kaufpreis entsprechen, gesperrt. Hat der Verkäufer die Ware abgesandt, werden die Token zu ihm transferiert. Wird die Ware jedoch nicht innerhalb eines bestimmten Zeitraumes verschickt oder entspricht sie nicht dem, was versprochen wurde, dann wird der Vertrag aufgelöst und die Token beim Käufer werden wieder freigeschaltet. So hat jede Partei in einem solchen Vertrag ihre maximale Sicherheit.

Man kann zum Beispiel ein Auto online bestellen. Ist das Auto besichtigt und die Zahlung eingegangen, dann wird die Zündung des Wagens online freigegeben. Also erst nach Bezahlung ist das Auto für den Käufer verwendbar.

Ein anderes Beispiel ist ein selbstständiger Programmierer. Dieser soll eine App für einen Auftraggeber schreiben. Ein Preis wird vereinbart. Eine auflösende Bedingung und ein Zeitrahmen werden hinzugefügt. Beide Stimmen dem Vertrag zu und er wird als neuer Block an die Blockchain angehängt. Gleichzeitig werden die entsprechenden Token beim Auftraggeber gesperrt. Der Programmierer schreibt die App. Ist sie fertig, kann der Auftraggeber sie einmalig ausprobieren. Ist der damit zufrieden, wird sie dauerhaft freigeschaltet, sobald er die Zahlung ausgelöst hat. Ist die App fehlerhaft, dann wird der Vertrag aufgelöst. Die App ist für den Auftraggeber nicht mehr verfügbar und seine Token sind wieder freigeschaltet und er kann sie anderweitig verwenden. Betrug ist damit so gut wie unmöglich.

Damit bräuchten ein Versandhändler und ein Freischaffender keine Plattformen mehr zu verwenden. Sie können sich und ihre Angebote direkt im Internet anbieten. Damit hört das Ganze aber nicht auf.

Versicherungsverträge sind immer abhängig von dem Verhalten des Vertragnehmers. Schauen wir auf einen Vertrag zur Versicherung eines Autos. Hier kann das Auto bzw. der Computer des Autos über das Internet Fahrdaten liefern. Diese Daten erlauben es, den Fahrstil des Fahrers, und damit sein Unfallrisiko einzuschätzen. Dementsprechend wird der Tarif für den betreffenden Fahrer automatisch ausgewählt.

Die Musikindustrie kann von dieser Technologie ebenfalls profitieren. Die einzelnen Musiktitel können so online verfügbar gemacht werden und deren Download mit der Entrichtung des Preises gekoppelt werden. Selbst eine Kopierung des Materials kann so verhindert werden, denn die Blockchain vergisst nichts. Wer also einen

Download ausführt und dann diese Songs anderen Teilnehmern zur Verfügung stellt, wird automatisch erneut zur Kasse gebeten. Das setzt den illegalen Downloads und Kopieren ein schnelles Ende. Ebenso kann so jeder, unabhängig von seinem Standort, jeden Song herunterladen und problemlos bezahlen.

Das Self-Publishing eigener Musik oder eigener Bücher wird ebenfalls stark vereinfacht. Man muss sich nicht mehr von den Plattformen abhängig machen. Stattdessen kann man seine Werke ganz einfach mit einer Bezahlung gekoppelt zum Download anbieten. Hier würde ebenfalls die Blockchain das unkontrollierte Kopieren verhindern und jeder Versuch dazu würde einfach nur einen weiteren Gewinn für den Künstler bzw. Autor bringen.

Die Banken könnten die Blockchain ebenfalls zur Durchführung von Finanztransfers benutzen. Das würde die Transfers beschleunigen, sie kostengünstiger gestalten und es der Bank erlauben, ihre Infrastruktur zu verschlanken, wodurch sie Milliarden einsparen könnten.

Die Banken haben diese Möglichkeit nicht übersehen und sind bereits dabei, in Pilotprojekten die Durchführbarkeit der Anwendung der Blockchain nachzuweisen. Alle Banken zusammen könnten so geschätzte 20 Milliarden Euro pro Jahr einsparen.

Die Börsen haben auch schon ein Auge auf die Blockchain geworfen. Smart-Contracts erlauben eine schnelle Abwicklung des Aktienhandels. Das würde besonders den Daytradern neue Möglichkeiten offerieren. Dazu wäre auch die Bezahlung stark vereinfacht, was Kosten spart und die Transfergeschwindigkeit und damit die Ausführung von Kauf- und Verkaufsordern stark beschleunigt.

Die automatische Abwicklung der Smart-Contracts verbunden mit der Tatsache, dass die Blockchain alle Vorgänge speichert, eröffnet auch neue Perspektiven im Bereich der Steuern. Diese könnten schnell eingezogen werden. Das würde es erlauben, das Steuerrecht zu vereinfachen und die Behörden zu verkleinern. Das wiederum erlaubt es, die Last der Steuern zu senken. Schnelle, einfache Abwicklung der Steuern verbunden mit einer Verringerung würde für eine höhere Akzeptanz der Steuern sorgen. Nicht nur würde die Blockchain einen Steuerbetrug erheblich erschweren oder sogar verunmöglichen, würden die Leute auch nicht mehr so motiviert sein, ihre Steuern hinterziehen zu wollen.

Die hier vorgestellten Anwendungsmöglichkeiten stellen nur einen kleinen Teil dessen dar, zu was man die Blockchain verwenden kann. Einige weitere Anwendungen werden später noch angesprochen und wieder andere werden sich im Laufe der Anwendung der Blockchain offenbaren. Hier befinden wir uns noch am Anfang einer sehr aussichtsreichen Technologie, deren Auswirkungen auch jetzt noch nicht in ihrer Gänze absehbar sind.

Das Netzwerk

Die Blockchain ist aber nicht einfach nur ein Kontobuch. Es handelt sich dabei auch um ein Netzwerk. Dieses Netzwerk hat ganz besondere Eigenschaften. Einige dieser Eigenschaften kommen von allein, um die Arbeit als Blockchain und als Internet der Werte zu ermöglichen, und einige sind absichtlich hinzugefügt, um die Vision des Ethereum zu realisieren. Es soll der gläserne Mensch durch das gläserne Internet ersetzt werden.

Die Fehlentwicklung des Internets begann, als sich dort die ersten Machtstrukturen entwickelten. Diese waren eine natürliche Folge der Ausbildung des Internets als ein zentral gelenktes Netzwerk. Nun mag es nicht einfach nur ein Machtzentrum geben, das ist wahr, dennoch existieren sie. Sie entstammen den Serverfarmen, die den Webspace erst kreieren. Sie kommen von den Plattformen, die den Handel und die Jobsuche kontrollieren und ihre eigenen Regeln machen. Sie kommen überall dort, wo jemand anders die Hausmacht hat und bestimmt, was richtig oder falsch ist. Diese Zentralität soll und muss gebrochen werden.

Die Blockchain ist von Natur aus dezentral. Anstatt von einer Serverfarm, kommt die Rechenleistung von den Minern. Diese sind also nicht nur die Wächter der Blockchain, sie ermöglichen ihre Existenz erst. Dabei kann jeder mit seinem Rechner daheim zu einem Miner werden. Anstatt also einiger weniger Serverfarmen, die alles kontrollieren, trägt jeder ein klein wenig Rechenleistung zur Blockchain bei.

Diese Dezentralität bricht aber nicht nur die Macht der Serverfarmen und Plattformen. Sie bricht sogar die Macht der Banken. Vorher mussten alle Geldtransfers über die Banken abgewickelt werden. Diese brauchten dafür eine eigene Infrastruktur, die sie sich gut bezahlen ließen. Selbst aber mit ihrer Infrastruktur konnten Überweisungen mitunter Tage bis Wochen dauern. Das ist besonders dann der Fall, wenn über Ländergrenzen hinweg gearbeitet wird. Die Blockchain erlaubt das Versenden von Werten direkt. Dies wird unterstützt bzw. ermöglicht durch die Miner. Damit kann ein Wert in Sekunden von einem Ort dieser Welt zu einem anderen transferiert werden. Das ist nicht nur schneller, es kostet auch fast nichts. Die Miner werden schließlich nicht über Transfergebühren, sondern über die frisch geschaffenen Token entlohnt.

Zur dezentralen Natur kommt noch das Konsensprinzip. Die Miner überprüfen die Echtheit von Transfers und genehmigen diese. Die Miner pflegen auch die Blockchain. Jeder Miner, ja jedes Mitglied in der Blockchain, kann eine Fälschung entdecken und aufdecken. Damit entsteht auch die bereits angeführte Fälschungssicherheit. Die Prüfsummen können einfach nicht verändert werden, ohne dass zumindest ein Teilnehmer der Blockchain davon erfährt. Zusammen mit der dezentralen Natur bringt das einen echten Schutz vor dem Aufbau neuer Machtstrukturen.

Zudem vermittelt die Blockchain totale Transparenz. Das ist ein weiterer Schutz gegen den Aufbau von Machtstrukturen, da diese sich meist nur unbemerkt entwickeln können. Weiterhin erlaubt es erst das Konsensprinzip.

Totale Transparenz bedeutet, dass jeder Teilnehmer an der Blockchain die gesamte Blockchain einsehen kann. Jeder kann dabei zurückverfolgen, wer was wann wie gemacht hat. Das gilt auch für die Zeit vor dem eigenen Beitritt zur Blockchain. Wer erst im Jahre 2017 beigetreten ist, kann dennoch alle Blocks der Blockchain einsehen, auch wenn diese vor dem Jahr 2017 erstellt wurden. Damit kann auch ein neuer Teilnehmer eine Fälschung aufdecken, die Jahre zuvor vorgenommen wurde.

Totale Transparenz verhindert nicht nur die Fälschung der Blockchain, sie verhindert auch Betrügereien und erlaubt die Smart-Contracts. Wenn jemand bei einem Freelancer eine Arbeit in Auftrag gibt, kann der Freelancer zuvor überprüfen, ob der Auftraggeber überhaupt über das nötige Geld zum Bezahlen der Arbeit verfügt. Weiterhin kann dieses Geld über die Smart-Contracts gesperrt werden. So kann der Auftraggeber nicht betrügen.

Totale Transparenz klingt gut, wenn es Machtstrukturen verhindert, doch es klingt schlecht, wenn man alle Informationen über sich preisgeben muss. Das klingt wieder nach dem gläsernen Nutzer. Doch die Wahrheit ist anders. Die totale Transparenz wird nämlich mit Anonymität verknüpft.

Das klingt natürlich widersinnig, die Blockchain ist zugleich transparent und anonym. Das ist jedoch tatsächlich möglich. Das liegt daran, dass man innerhalb der Blockchain nicht sich selbst identifiziert. Man nimmt an der Blockchain mit einem Pseudonym teil. Alle Handlungen des Pseudonyms werden gespeichert. Es weiß aber niemand, wer sich dahinter verbirgt. Daraus ergibt sich die

Pseudoanonymität. Das Pseudonym ist bekannt, der Mensch ist anonym.

Die Anonymität kann man jetzt sogar noch ein wenig weitertreiben. Es wird nämlich oft genug angeführt, dass man aus den Verhaltensmustern der Pseudonyme Rückschlüsse auf die Identität der Nutzer ziehen kann. Das mag so stimmen. Man kann dies aber wesentlich erschweren, indem man nicht nur ein Pseudonym anlegt. In der Blockchain kann man ruhig mit verschiedenen Pseudonymen unterwegs sein und so seine Identität noch mehr verschleiern. Da man verschiedene Handlungen über verschiedene Pseudonyme vornimmt, ist es sehr viel schwerer, aus den Verhaltensmustern die wahre Identität abzulesen.

Transparenz und Anonymität geben der Blockchain ein weiteres mögliches Anwendungsgebiet. Eine typische Situation, die nach Transparenz und Anonymität verlangt, ist eine Wahl. Wahlen sollen transparent sein, damit Wahlbetrug entlarvt und die echten Stimmenverhältnisse ausgewertet werden können. Wahlen sollen aber auch anonym sein, sodass jeder ohne Angst die Partei wählen kann, die er wirklich unterstützt.

Wahlen bedeuten jedoch einen enormen Aufwand für die Staaten. Es müssen Büros vorgehalten werden. Man braucht Leute, die die Stimmen auszählen. Die Ergebnisse der verschiedenen Wahllokale müssen zusammengetragen und ausgewertet werden. Das kostet Zeit und Geld. Die Wahlbeteiligung sinkt jedes Jahr. Die Leute sind einfach nicht mehr gewillt, in ein Wahllokal zu gehen und ihre Stimmen abzugeben. Hier könnte man beiden Seiten mit einer Blockchain helfen.

In der Blockchain erfolgt die Stimmabgabe und Auszählung praktisch in einem Zug. Damit kann permanent festgestellt werden, welche Parteien über welchen Prozentsatz der Stimmen verfügen. Die Wahlen können einfach online abgehalten werden. Man könnte auf die gesamte Infrastruktur verzichten. Das spart dem Staat Aufwand und Kosten. Wähler, die sich bisher nicht dazu bewegen konnten, in das nächste Wahllokal zu gehen, sind vielleicht eher zur Stimmabgabe bereit, wenn sie dies zu Hause an ihren Rechnern erledigen könnten. Briefwahlen würden ganz und gar überflüssig werden.

Die Blockchain ließe jedoch nicht nur die Wahlen zu einem sehr viel einfacheren Ereignis werden. Es werden immer wieder Stimmen nach mehr Volksentscheiden laut. Während zuvor die Kosten und der Aufwand dem entgegenstand, könnten jetzt die Volksentscheide fast täglich stattfinden. Man muss sich einfach nur kurz einloggen und dann seine Stimme abgeben. Das dauert nicht lange, doch es verleiht echte Demokratie.

Transparenz und Unveränderlichkeit würden dem Staat auch in anderer Hinsicht helfen. Das Grundbuch zum Beispiel könnte abgeschafft bzw. in die Blockchain verlegt werden. Damit könnte man die gesamte damit verbundene Behörde verkleinern und dem Staat so viel Geld sparen.

Das Grundbuch ist eine Notwendigkeit, um festzustellen, wem wirklich welches Grundstück bzw. welches Haus gehört. Dazu muss man aber immer direkt zu der Behörde gehen. Über die Blockchain könnten sich Grundstücke sehr viel einfacher bewegen lassen. Die Eintragungen erfolgen automatisch und sind damit immer auf dem neuesten Stand. Jeder könnte jederzeit die Eintragungen einsehen und feststellen, wem welches Land oder Haus wirklich gehört. Einfacher geht es wirklich nicht mehr.

Die Blockchain hat das Internet durch das Versenden von Werten bereits revolutioniert. Jetzt bleibt es nur noch abzuwarten, welche weiteren Anwendungen sich mit der Zeit für die Blockchain empfehlen. Transparenz, Anonymität und Unveränderlichkeit. Das wird in vielen Bereichen gebraucht. Es kommt am Ende nur darauf an, was davon wirklich praktikabel ist.

Die Token

Der Ethereum hat den Anspruch, eine Währung zu sein. Als Währung muss man seine Einheiten auch aufbewahren und weitergeben können. Nun ist der Ethereum zumindest jetzt noch keine Währung. Aber selbst als Wertobjekt muss man ihn aufbewahren und transferieren können.

Der Ethereum ist digital, damit unterscheidet er sich von den klassischen Währungen und stellt die Nutzer im Hinblick auf die Aufbewahrung bzw. den Transfer der Einheiten vor ganz neue Probleme. Die Einheiten des Ethereum sind seine Token. Wie aber bewahrt man digitale Token auf?

Eine Möglichkeit entfällt sofort. Man kann den Ethereum nicht als Bargeld mit sich herumtragen. Es gibt keine Münzen oder Scheine, die man in seine Brieftasche steckt. Damit kann man auch keine solchen Geld repräsentierenden Dinge von einer Person zur anderen geben.

Nun ist das alte Geld auch überwiegend digital und existiert als gespeicherte Nummern auf Bankkonten. Da liegt der Schluss natürlich nahe, dass man die Token einfach so speichert. Diese Möglichkeit ist aber auch nicht gegeben. Banken akzeptieren die Token einfach nicht. Man kann also kein Konto eröffnen und dort seine digitalen Geldeinheiten parken.

Die Token einfach auf dem eigenen Rechner speichern, das geht auch nicht. Solche Dateien ließen sich nur allzu leicht manipulieren. Damit aber wäre die Währung sofort erledigt.

Die Lösung haben die Entwickler der Blockchain gleich mit der Blockchain selbst mitgeliefert. Diese besteht in den sogenannten Wallets. Natürlich ist das Wort Wallet einfach nur englisch für Brieftasche. Man muss also schon ein wenig mehr erklären.

Die Blockchain mit ihren Blocks verfolgt jeden einzelnen Token. Damit entfällt eigentlich die Aufbewahrung der Token. Diese sind nur eine Information innerhalb der Blockchain und existieren nicht wirklich. Wer also seine Token sehen will, schaut einfach in der Blockchain nach. Dort ergeben die Transfers und die erschaffenen Token, wo sich welcher genau befindet, und damit auch über wie viele Token man selbst verfügt. Es sind also die Blocks mit ihren Informationen, die über die Token bestimmen bzw. die Token aufbewahren. Da stellt sich jetzt die Frage, was das mit einer Wallet zu tun hat.

Die Wallet in der Blockchain ist keine Wallet, wie wir uns das bildlich von unserer Brieftasche her vorstellen. Die Wallet ist nur ein Code. Dieser Code besteht aus zwei Schlüsseln. Der öffentliche Schlüssel erlaubt es jedem anderen Teilnehmer in der Blockchain nachzuvollziehen, über wie viele Token man selbst verfügt. Der zweite Schlüssel ist ein privater Schlüssel und erlaubt es, die Token zu transferieren. Man bewahrt also die Token nicht auf, sondern nur den Code, mit dessen Hilfe man auf sie zugreifen kann.

Mit der Wallet bzw. mit dem Code der Wallet ist aber auch eine gehörige Verantwortung verbunden. Jeder ist nämlich seine eigene Bank. Was bedeutet das?

Nehmen wir eine klassische Bank. Dort geht man mit seinem Ausweis hin und kann ein Konto eröffnen. Den Ausweis braucht man, um sich zu identifizieren. Ist das Konto eröffnet, gibt es die nötigen Unterlagen nebst Karten. Dies können die EC-Karten oder Kreditkarten sein. Diese Karten erlauben es, auf das Konto zuzugreifen. Damit kann man Geld an einem Automaten abheben oder in einem Geschäft bezahlen. Verliert man die Karten, kann man immer noch mit den erhalten Unterlagen seine Kontoinhaberschaft nachweisen und sein Geld abheben sowie neue Karten beantragen.

Nimmt man an der Blockchain teil, muss man sich nicht ausweisen. Man erhält auch keine Karten oder irgendwelche Unterlagen. Alles, was man bekommt, ist die Wallet, welche einfach nur den Schlüssel zu den Token darstellt. Verliert man die Wallet, dann gibt es keine Bank oder andere Stelle, wo man Hilfe findet. Man kann sich nicht einfach irgendwo ausweisen und die Wallet wird erneut ausgestellt. Da man sich nie irgendwo ausgewiesen hat, da es nicht einmal eine zentrale Stelle gibt, ist das schlichtweg unmöglich. Hat man seine Wallet verloren, dann existieren die Token in der Blockchain weiter. Man kann aber nicht mehr auf sie zugreifen. Für einen selbst sind sie für immer verloren. Das ist es, was es bedeutet, seine eigene Bank zu sein. Das bringt auch die gehörige Verantwortung, die mit einer Wallet verbunden ist.

Aus dieser Verantwortung ergibt sich auch, dass es mehr als nur eine Art Wallet gibt. Verschiedene Teilnehmer stellen verschiedene Anforderungen an die Sicherheit, Anonymität und die Leichtigkeit der Nutzung. Dementsprechend haben sich 5 Typen für die Wallets entwickelt. Da ist die Paper-Wallet. Sie ist die sicherste der Wallets.

Dann gibt es die Hardware-Wallet. Auch diese sind sehr sicher, aber auch schon etwas komfortabler als die Paper-Wallets. Dann gibt es die Desktop-Wallet. Hier ist schon nicht mehr so viel Sicherheit gegeben. Dazu kommen die Mobile-Wallets und die Online-Wallets.

Will man sich für eine Wallet entscheiden, sollte man sich unbedingt vor Augen halten, dass man seine eigene Bank ist. Wird eine Bank ausgeraubt, dann verliert die Bank das Geld, nicht die Sparer auf ihren Konten. Wird aber die eigene Wallet gehackt und ausgeraubt, dann ist das eigene Geld weg. Dazu kommt, dass die Werte, die von den Ethereum-Token repräsentiert werden, gewaltige Höhen erreichen können. Das kann schon in die Hunderttausende und Millionen gehen. Es ist also sehr, sehr wichtig, eine kluge Entscheidung hinsichtlich ihrer Aufbewahrung zu fällen.

Paper-Wallet

Die Paper-Wallet ist, was das Internet angeht, die sicherste Wallet. Das liegt einfach daran, dass diese Wallet so gut wie nie online ist und dementsprechend auch kaum gehackt werden kann. Es klingt aber ein wenig komisch, wenn man auf digital gespeichertes Geld mit einem Papier zugreifen will. Das geht aber ganz einfach. Die Paper-Wallet hat nämlich einen QR-Code aufgedruckt. Dieser ist der Code, mit dem man die Token benutzen kann.

Eine Paper-Wallet ist nur online, wenn man den QR-Code benutzt. Das ist aber nur eine sehr kurze Zeit, sodass ein Hackerangriff so gut wie keine Chance auf einen Erfolg hat. Die Onlinesicherheit ist also sehr hoch. Das gilt jedoch nur, wenn man bei der Erstellung ein paar einfache Regeln befolgt. Andernfalls droht die Möglichkeit, dass jemand anderes eine Kopie der Paper-Wallet anfertigen und so auf die Token zugreifen kann.

Als Erstes sollte man vor der Erstellung der Paper-Wallet den Computer neu aufsetzen. Damit ist man komplett sicher, dass sich keine Spyware oder Keylogger darauf befindet. Dann geht man online. Dort kann man das Programm starten, welches die Paper-Wallet erstellt. Dieses Programm kann auch laufen, wenn man es nach dem Start vom Internet trennt. Genau das tut man dann. Man trennt die Internetverbindung. So ist ein Mitlesen der eigenen Handlungen nicht mehr möglich.

Das noch immer laufende Programm benutzt man nun, um die Paper-Wallet zu erstellen. Die Wallet wird generiert und muss nun gedruckt werden. Der Drucker sollte nur mit dem eigenen Rechner und nicht mit einem Netzwerk verbunden sein. Damit ist es niemanden sonst möglich, den Druckvorgang nachzuvollziehen.

Ist die Paper-Wallet gedruckt, muss noch die Kopie der Wallet auf dem Computer selbst gelöscht werden. Diese Datei enthält aber auch alle anderen Wallets, darum sollte man vor dem Erstellen der Paper-Wallet eine Sicherungskopie dieser Datei anfertigen. Ist die Datei auf dem Rechner gelöscht, kopiert man die Sicherungskopie zurück. Dann hat man seine anderen Wallets wieder, ohne dass die Paper-Wallet noch gespeichert ist.

Die Paper-Wallet ist gegenüber Onlineangriffen kaum gefährdet. Dafür aber ist sie neuen Offlinegefahren ausgesetzt. Als Paper-Wallet kann sie sehr leicht verschmutzen oder auch beschädigt werden. Darum sollte man bei ihrer Aufbewahrung sehr vorsichtig sein. Als Mindestes sollte sie in einer verschließbaren Plastiktüte aufbewahrt werden. Knicke und Falten sollten vermieden werden. Eine Laminierung der Paper-Wallet ist in jedem Fall empfehlenswert. Ab einem bestimmten Wert ist sogar die Aufbewahrung in einem Bankschließfach angeraten.

Hardware-Wallet

Eine Hardware-Wallet punktet besonders im Bereich der Sicherheit und ist sogar leichter aufzubewahren als eine Paper-Wallet. Bei einer Hardware-Wallet handelt es sich um einen speziellen Memorystick, der auf eine Funktion als Wallet zugeschnitten ist.

Eine Hardware-Wallet wird über den USB-Port an den Computer angeschlossen. Man kann sie offline und vom Computer getrennt halten, solange man sie nicht braucht. Damit ist sie ähnlich sicher wie eine Paper-Wallet. Sie kann nur gehackt werden, wenn sie gerade benutzt wird.

Auf der anderen Seite erstellt man die Hardware-Wallet nicht selbst. Anstatt eines aufwendigen Prozesses kauft man sich die Wallet einfach online. Die Preise reichen heutzutage von 10 bis 100 €.

Die Aufbewahrung für eine Hardware-Wallet ist leichter als für eine Paper-Wallet. Man kann die Hardware-Wallet nicht falten und sie verschmutzt oder beschädigt auch nicht so leicht. Auf der anderen Seite ist es auch hier angeraten, ab einem bestimmten Wert der enthaltenen Token diese Wallet in einem Bankschließfach zu deponieren.

Desktop-Wallet

Die Desktop-Wallet ist die häufigste Variante einer Wallet und sie verfügt über mehrere verschiedene Ausführungen. Ihr hauptsächlichster Vorteil ist, dass man sie automatisch mit der Anmeldung in einer Blockchain bekommt. Sie ist damit umsonst und sowieso vorhanden. Dabei ist die Desktop-Wallet jedoch nicht unbedingt die sicherste Variante einer Wallet.

Gefahren drohen im Bereich des digitalen Geldes von zwei Seiten, einem Onlineangriff von Hackern und einem Offlineverlust, sei es durch Diebstahl, einen Unfall oder einfach einem Verlieren des Trägers.

Für eine Desktop-Wallet ist ein Offlineverlust keine große Gefahr. Man wird seinen Computer, auch wenn es ein Laptop ist, kaum überall und ständig mit sich herumtragen. Die Gefahren sind für einen Laptop etwas höher, doch bei dessen natürlicher Größe fällt es schnell auf, sollte man ihn verlieren.

Die Onlinegefahren sind für eine Desktop-Wallet viel größer. Während der Computer kaum bewegt wird, befindet er sich jedoch häufig online. Selbst, wenn man die Wallet nicht ständig benutzt, kann sie dennoch durch Spyware, einen Wurm oder einen Hacker während der Onlinezeit ausspioniert werden. Dann kann jemand die Wallet kopieren und so auf die Token zugreifen. Wer eine Desktop-Wallet benutzt, muss darauf achten, den Computer nicht unnützerweise im Internet zu belassen und seine Antivirensoftware und Firewall auf dem neuesten Stand zu halten.

Neben der Grundversion der Desktop-Wallet gibt es weitere Versionen, die den verschiedenen Bedürfnissen ihrer Nutzer Rechnung tragen. Da sind zum Beispiel Wallets, die die Anonymität des Nutzers erhöhen. Diese Wallets kommen nicht mit einem, sondern mit mehreren Pseudonymen. Sie transferieren permanent die Token zwischen den verschiedenen Pseudonymen, sodass sich keine Verhaltensmuster mehr ablesen lassen.

Andere Wallets zielen auf eine erhöhte Sicherheit. Sie kommen mit ihrem eigenen Schutz gegen Viren und Trojaner und haben andere Schutzmechanismen gegen ein versehentliches Versenden oder ein Versenden der Token mit versehentlich falschen Angaben.

Die Einfachheit der Desktop-Wallet ist ihr größter Pluspunkt. Die wichtigsten Punkte, die gegen sie sprechen, sind einmal die fehlende Mobilität und zum anderen die erhöhte Anfälligkeit gegen online Gefahren.

Mobile-Wallet

Mobile-Wallets zeichnen sich durch ihre Mobilität aus, doch dieser Vorteil wird mit mehreren Nachteilen erkauft. Sie wurden als App für Mobilgeräte entwickelt und eignen sich für Smartphones, Tablets und Smartwatches. Damit kann man unterwegs seine Token verwalten, wodurch sich auch schon der erste Nachteil dieser Wallets ergibt.

Mobile-Wallets sind großen Offlinegefahren ausgesetzt. Auf einem Smartphone können sie schnell gestohlen werden, was heutzutage leider nicht mehr so selten ist. Außerdem können sie durch

41

Unfälle oder das bloße Vergessen abhandenkommen. Wenn man also eine Mobile-Wallet verwenden will, sollte man dies zusammen mit einer anderen Wallet tun. Die andere Wallet kann eine Desktop- oder Hardware-Wallet sein. Auf dieser speichert man den überwiegenden Teil seiner Token und transferiert nur den Teil, den man mobil verwenden möchte, auf die Mobile-Wallet.

Der zweite große Nachteil der Mobile-Wallets ergibt sich aus dem Umstand ihrer Verbindung und der Speichergröße der mobilen Geräte. Die Verbindungen sind nicht die Schnellsten und sie kosten mehr als eine Verbindung daheim. Damit lässt sich ein Download der gesamten Blockchain, die mehrere Gigabytes groß ist, nicht mehr empfehlen. Dies würde auch den gesamten Speicherplatz der Geräte belegen. Als Alternative wurde die Mobile-Wallet mit einer verkürzten Blockchain ausgelegt. Man sieht also nur einen kurzen, aktuellen Teil der Blockchain. Damit kann man nicht die gesamte Blockchain auf ihre Echtheit überprüfen. Verbunden mit dem Gebrauch einer Desktop- oder Hardware-Wallet lässt sich dieser Nachteil jedoch verkraften.

Ähnlich der Desktop-Wallet, so ist auch die Mobile-Wallet immer dann Onlinegefahren ausgesetzt, wenn das Gerät, auf dem sie installiert ist, online geht. Darum gilt auch hier, die Onlinezeit auf das Notwendige zu beschränken und immer die neuesten Antivirenprogramme und Firewalls zu installieren bzw. diese auf dem neuesten Stand zu halten.

Online-Wallet

Nun ist eine Mobile-Wallet gut für unterwegs, doch wenn man es genau nimmt, ist sie nicht wirklich mobil. Sie ist nämlich, ähnlich der Desktop-Wallet, an das Gerät gebunden, auf dem sie installiert ist. Wenn man seine Mobile-Wallet auf seinem Tablet hat, doch dann nur mit dem Smartphone unterwegs ist, kann man nicht auf die Token zugreifen. Echte Mobilität erhält man mit einer Online-Wallet. Diese kann man von jedem Gerät aus ansteuern, solange man dafür online ist. Aber das kommt mit großen Nachteilen.

Der erste Nachteil ist, dass die Online-Wallet von Natur aus permanent online ist. Damit kann sie immer von einem Hacker oder einem Virus attackiert werden. Weiterhin befindet sie sich auf einem Server. Sie untersteht also der Hoheit eines Serviceanbieters, welcher die Regeln macht. Dieser Anbieter ist auch für die Sicherheit verantwortlich. Man selbst hat keinen Einfluss darauf. Kurz, man bestimmt nicht die Sicherheit, doch man selbst hat den Schaden, falls ein Hacker erfolgreich ist.

Dazu kommt, dass eine Online-Wallet wieder der Vision des Ethereum entgegenläuft. Eine zentrale Aufbewahrung von Online-Wallets schafft neue Machtzentren und Machtstrukturen. Diese können wieder eine negative Entwicklung in Gang setzen, die schon das alte Internet von seiner eigentlichen Idee entfernten.

Der Treibstoff

Der Ethereum ist nicht einfach nur eine Währung. Die Vision war es, ein neues Internet zu schaffen, welches den gläsernen Nutzer durch das gläserne Internet ersetzt. Anders ausgedrückt, das Internet sollte aus den Händen der Serverfarmen geholt werden. Dies geht aber nur, wenn wenigstens einige etwas zu diesem neuen Internet beitragen. Der Beitrag ist ihre Rechenleistung. Ohne diese Rechenleistung gibt es nämlich kein Internet. Rechenleistung aber kostet Geld. Daher müssen diejenigen, die ihre Rechenleistung zur Verfügung stellen, dafür entlohnt werden. Diese Entlohnung sind die Ethereum-Token.

Die Rechenleistung, die für die Blockchain nötig ist, wird von den Minern zur Verfügung gestellt. Ihre Rechenleistung wird mit den Token entlohnt. Diese Token, diese Belohnung, wird aber nicht dem System entnommen. Die Finanzierung erfolgt also nicht über die Beiträge der Teilnehmer. Die Bereitstellung selbst soll die Entlohnung erbringen. Das bedeutet, dass die Token, die die Miner erhalten, immer neu erschaffen sind. Darum werden die Miner auch als Miner bezeichnet. Ihre Rechenoperation bringt die neuen Token. Damit ist es mit den Minern vergleichbar, die in den Minen nach Gold oder Silber gegraben haben, aus welchem dann die Münzen gemacht wurden. Durch dieses Prinzip finanziert sich die Blockchain selbst. Der Gedanke ist, dass einfach jeder ein wenig Rechenleistung zur Verfügung stellt und jeder etwas davon hat. Das verhindert Machtstrukturen. Diese Idee wird aber nur teilweise Realität, wie man bald sehen wird. Schauen wir aber zunächst einmal auf die Operationen der Miner selbst, um dies zu verstehen.

Im Kapitel über die Blockchain wurde bereits erklärt, wie ein Transfer abläuft. Wenn jemand einen Transfer durchführen will, wird dieser in die Blockchain gesendet. Die Miner nehmen den Auftrag für den Transfer und schauen, ob alles seine Richtigkeit hat. Ist dies der Fall, dann genehmigen sie ihn. Dann generieren sie aus diesem Transfer einen neuen Block, der an die Blockchain angehängt wird. Das ist eine sehr vereinfachte Darstellung. Um das Mining zu verstehen, muss man dies ein wenig genauer betrachten.

Der neue Transfer wird in die Blockchain gesendet. So weit, so gut. Vor seiner Genehmigung ist der Transfer aber nur ein Auftrag und noch kein echter Transfer. Jetzt geschieht einiges zugleich. Alle Miner in der Blockchain versuchen, diesen Auftrag zu schnappen. Das können sie nur auf eine Weise. Sie müssen ihn als Erster, also vor den anderen Minern, genehmigen.

Zur Genehmigung des Auftrages und seiner Ausführung als Transfer schaut ein Miner erst, ob der Auftrag selbst richtig ist. Verfügt der Entsender über die Token, die er versenden will? Existiert das Pseudonym, an welches die Token gesendet werden sollen? Um dies zu überprüfen und um die Echtheit des Auftrages festzustellen und um den Auftrag in einen neuen Block umzuwandeln, beginnen die Miner nun ihre Miningoperation.

Die eigentliche Miningoperation besteht in dem Finden der richtigen Prüfsumme. Diese Prüfsumme muss mit den Daten des Auftrages und der Prüfsumme des letzten Blocks der Blockchain zusammenpassen. Die Prüfsumme kann aber nicht einfach berechnet werden.

Der Ethereum soll eine Währung sein. Für eine Währung ist es jedoch ein absolutes Gift, wenn die einzelnen Einheiten massiv generiert werden. Das würde einen Verfall des Wertes mit sich bringen, den man als Inflation bezeichnet. Das Problem mit der heutigen Rechenleistung ist, dass die Berechnungen, die für einen Block in der Blockchain nötig sind, in Sekunden ausgeführt werden können. Damit könnten theoretisch weniger Miner in einem Tag Billionen an Token erschaffen. Dies aber muss verhindert werden, damit es nicht zu einer unkontrollierten Inflation kommt.

Die Miningoperation besteht aus dem Finden der Prüfsumme. Diese kann aber nicht berechnet werden, um diese Rechenoperation zu erschweren. Stattdessen muss die Prüfsumme umständlich nach dem Zufallsprinzip berechnet werden. Umständlich deswegen, um auch diese Operation zu erschweren. Ist dann eine Prüfsumme berechnet, dann wird verglichen, ob sie den Anforderungen entspricht. Dazu muss sie auf den Transfer und auf die Prüfsumme des letzten Blocks der Blockchain anwendbar sein. Ist das nicht der Fall, was sehr wahrscheinlich ist, denn die Berechnung erfolgt nach dem Zufallsprinzip, dann muss die Berechnung erneut gestartet werden. Die nächste Prüfsumme wird dann versucht und immer so weiter, bis die richtige Prüfsumme gefunden wurde. Das kann Unmengen an Berechnungen mit sich bringen.

Ist die richtige Prüfsumme gefunden, dann wird diese an den Transfer gehängt. Damit ist der Transfer genehmigt und wird zu einem neuen Block für die Blockchain. Die Prüfsumme ist dann das Schloss, mit dem dieser neue Block an die Blockchain angehängt wird.

Ist die Prüfsumme berechnet und der neue Block an die Blockchain angehängt, dann erhält der schnellste Miner, als der, der die Prüfsumme als Erster fand und damit an den Block angehängt hat, eine Belohnung. Die Belohnung besteht aus 5 Ethereum-Token. Bei einem Kurs von mehreren Hundert Euro pro Token ergibt dies ein hübsches Sümmchen. Hier ist aber auch ein kleines Problem zu finden, auf das wir gleich noch einmal zurückkommen.

Neben dem schnellsten Miner wird auch noch der zweitschnellste der Miner belohnt. Der Grund dafür ist einfach. Viele Miner fangen zugleich an, die Prüfsumme zu berechnen. Die meisten gehen jedoch leer aus, weil logischerweise nur einer der Schnellste unter ihnen sein kann. Um die Wirkung etwas abzuschwächen, soll aus Gründen der Fairness deswegen auch der zweitschnellste Miner etwas bekommen. Er erhält immerhin noch zwei oder drei Token, was sich auch noch hübsch summiert.

Ist die Prüfsumme gebildet und der neue Block an die Blockchain angehängt, sendet der erfolgreiche Miner das Ergebnis in das Netzwerk. Jetzt können alle Teilnehmer ihre Blockchain auf den neuesten Stand bringen. Sollte man dabei nicht online sein, ist das kein Problem. Das Update bekommt man dann, wenn man sich wieder innerhalb der Blockchain anmeldet.

Das Problem, das sich hier ergibt, ist die Rechenleistung. Die Entlohnung ist nur für den schnellsten und den zweitschnellsten Miner. Alle anderen gehen leer aus. Natürlich ist es nicht immer der gleiche Miner, dennoch lohnt es sich einfach nicht mehr für einen normalen Hausrechner, sich als Miner zu betätigen. Daraus folgt, dass sich hier über die Zeit neue Machtzentren bilden können, nämlich die Miner mit der größten Rechenleistung.

Für diejenigen, die sich selbst als Miner betätigen möchten, gibt es dreierlei Wege dies zu tun. Als Erstes können sie es komplett in Eigenregie versuchen, als Zweites können sie sich einem Cloudminingverbund anschließen und als Drittes können sie einen Cloudminer mieten.

Wer es komplett allein versuchen will, braucht dazu so einiges. Als Erstes braucht man mehrere Computer, die man zu einem Netzwerk zusammenschließt. Nur so hat man eine kleine Chance, es als Miner zu schaffen. Dies allein ist jedoch noch nicht genug.

Die Rechenoperationen, die für das Mining ablaufen müssen, können über den Prozessor des Computers erfolgen, doch besser ist es, sie über die Grafikkarte laufen zu lassen. Diese sind viel schneller. Dazu muss man also alle Computer, die an dem Netzwerk beteiligt sind, mit guten GPUs ausstatten. Das wirft aber ein neues Problem auf oder besser gesagt, zwei neue Probleme.

Das erste Problem ist der Energiehunger der GPUs. Sie verbrauchen einfach viel mehr Strom als der Prozessor. Man sollte also dafür sorgen, dass die eigenen Stromkosten möglichst gering sind. Dafür kauft man den Strom entweder von einem guten Anbieter, über eine Sammelbörse oder man installiert Solarzellen oder einen Windgenerator.

Das zweite Problem ist die Hitze. GPUs werden gern sehr schnell sehr heiß. Damit sie nicht durchbrennen, muss man entsprechend für Kühlung sorgen. Diese Kühlung ist damit ein Problem an sich, doch dieses kann man beherrschen, und ein weiterer Kostenfaktor für die Stromrechnung. Hier lohnen sich Solarzellen wirklich.

Für ein Mining in Eigenregie braucht man also eine günstige Lage. Diese sollte kalt sein, Solar- oder Windenergie begünstigen oder zumindest einen günstigen Stromanbieter aufweisen. Dazu braucht man eine Menge Rechner in einem Netzwerk. Wem das zu weit geht, der kann es ein wenig kleiner versuchen.

Mit seinem eigenen Rechner, allein daheim, lohnt sich das Minen längst nicht mehr. Man wird einfach nie der schnellste Miner sein und dementsprechend immer leer ausgehen. Es besteht aber die Möglichkeit, sich einem Miningverbund in einer Cloud anzuschließen. Aber auch hier muss man Rechenleistung mitbringen, denn ohne diese ist die Cloud nicht schnell genug und selbst bei einem Erfolg bekommt man einen Anteil an den Token nur entsprechend der eingebrachten Rechenleistung. Das bedeutet, man muss auch hier einen ordentlichen Rechner mit einer ordentlichen Grafikkarte mitbringen. Nur dann hat man eine Chance.

Wer will, kann es sich aber noch einfacher machen und überhaupt keine eigene Rechenleistung mitbringen. Dazu mietet man einfach einen Cloudminer. Hier sollte man aber sehr vorsichtig sein und seinen gesunden Menschenverstand benutzen. Warum sollte jemand seine Rechenleistung vermieten, anstatt damit selbst zu minen? Wahrscheinlich, weil die Leistung nicht ausreicht. Entweder wird man mit dem gemieteten Server abgehängt oder die Miete ist so hoch, dass es sich nicht mehr lohnt. In jedem Fall sollte man es sich hier genau überlegen, bevor man in diese Art des Minings einsteigt.

Der Ethereum ist also der Treibstoff des Netzwerkes, denn er bringt die Miner und die Miner bringen die Rechenleistung. Damit dabei dem Einzelnen keine Kosten entstehen, werden die Miner nicht mit bestehenden Token, sondern mit neu erschaffenen Token entlohnt. Damit wird die Blockchain zu einem Selbstläufer die sich selbst finanziert.

Andere Coins

Natürlich ist der Ethereum nicht die einzige digitale Währung im Internet. Sie ist die Zweite dieser Währungen und es folgten noch eine Menge mehr nach ihr. Jede dieser Währungen hat eine eigene Philosophie und eine eigene Blockchain. Um den Ethereum besser zu verstehen, muss man ihn als Teil dieser gesamten Menge an Währungen betrachten.

Der Bitcoin

Der Bitcoin ist der Erste der digitalen Coins. Er hat sich fest am Markt etabliert und inzwischen in Unterwährungen geteilt. Sein Wert ist geradezu astronomisch gestiegen und seine Entwicklung ist in vielerlei Hinsicht eine Vorschau auf das, was auch den Ethereum erwartet.

Der Bitcoin hat nur ein Ziel. Die Macht der Banken soll gebrochen werden. Mit seiner Blockchain umgeht er die Finanzinstitute mit ihren Regeln, Gebühren und Wartezeiten. Transfers mit dem Bitcoin werden in Sekunden oder Minuten vorgenommen und die Kosten sind so gering, dass sie einfach nicht ins Gewicht fallen. Der Bitcoin wirbt offen damit, dass jeder seine eigene Bank sein kann.

Die Software hinter dem Bitcoin, wie auch hinter dem Ethereum, ist Open Source. Jeder kann sie einsehen und checken, was sich darin versteckt. Darum kann man den Bitcoin als sicher ansehen.

Es verstecken sich keine fiesen Befehle darin, denn die würden längst gefunden sein.

Die Herkunft des Bitcoins ist ein wenig geheimnisumwoben, denn der Erfinder ist nur mit dem Pseudonym Satoshi Nakamoto bekannt. In anderen Worten, niemand kennt seinen echten Namen oder weiß, ob es sich dabei um eine einzelne Person oder eine Gruppe handelt.

Der Bitcoin ist in seinem Protokoll auf maximal 21 Millionen Coins begrenzt. Dabei wird die Rechenoperation für das Mining ständig schwieriger gestaltet. Das geschieht immer automatisch, sobald eine bestimmte Anzahl an Coins überschritten wurde.

Das Mining des Bitcoins ist derzeit so weit fortgeschritten, dass es sich als Neueinstieg nicht mehr lohnt. Um auch nur im Entferntesten erfolgreich zu sein, braucht man einen speziellen Chip, den ASIC-Chip. Dazu muss man sich einer Cloud anschließen. Alle Miner sind derzeit in nur drei Clouds vereint. Wenn man also als neuer Miner allein antritt, wird man einfach niemals schnell genug sein, um wirklich an Coins zu kommen.

Ripple

Der Ripple ist ein digitaler Coin, der sich erheblich von allen anderen Kryptowährungen unterscheidet. Im Gegensatz zum Bitcoin oder Ethereum kann der Ripple nicht geschürft werden. Alle Ripple, die das Protokoll erlaubt, sind bereits erschaffen. Die Hälfte befindet sich bereits auf dem Markt und die andere Hälfte ist im Besitz der Macher des Ripple. Diese können dann die einzelnen Coins je nach Bedarf auf den Markt werfen. Das gibt ihnen natürlich eine ungemeine Machtposition.

Das Anliegen des Ripple ist es, den internationalen Handel zu fördern. Der Coin soll damit nicht die anderen Währungen ersetzen, sondern eine neutrale Drittwährung für den Transfer des Geldes oder das Festsetzen internationaler Preise dienen. Daraus ergeben sich zwei ganz bestimmte Eigenschaften.

Als Erstes ist der Ripple in seinen Transfers unglaublich schnell. Alle Aktionen werden innerhalb von Sekunden ausgeführt. Damit ist ein verzugsloses Bezahlen möglich.

Als Zweites erlaubt es das Protokoll des Ripple, dass man mit Coins bezahlt, die man noch gar nicht hat. Im internationalen Handel ist es durchaus üblich, dass Einzelhändler Waren beim Großhandel bestellen und diese erst bezahlen, sobald sie ihrerseits diese Waren verkauft und die Zahlungen dafür erhalten haben.

Dash

Der Dash gehört auch schon zu den großen Währungen, die sich etabliert haben. Dabei konzentriert sich der Dash darauf, seinen Teilnehmern eine größere Anonymität zu ermöglichen. Das sorgt aber auch gleich wieder für ein zentraleres System, was eigentlich der Idee der Kryptowährungen widerspricht.

In anderen Blockchains können alle Teilnehmer die gesamte Blockchain einsehen, im Dash jedoch nicht. Dieser hat sogenannte Masternodes. Das sind Netzwerkrechner, die man mit einem

Administrator vergleichen kann. Nur diese Rechner können die gesamte Blockchain einsehen und die Transfers überprüfen. Die anderen Teilnehmer sehen nur einen Ausschnitt der Blockchain. Damit befinden sich die Masternodes in einer Machtposition, die durchaus irgendwann einmal ausgenutzt werden können.

The Billion Coin

Der Billion Coin, oder TBC abgekürzt, ist ein besonderes Beispiel. Dieser Coin kann nicht geschürft werden. Er wird nicht offiziell an den Börsen oder Tauschbuden gehandelt. Dieser Coin steigt stetig jeden Tag in seinem Wert, ohne irgendwann einmal einzubrechen. Es gibt keine Händler, die ihn akzeptieren und niemand weiß so recht, was man damit anfangen soll. Es werden aber immer mehr Stimmen laut, die diesen Coin als einen S-Coin, einen Schein-Coin, beschreiben. Kein Coin kann immer nur in seinem Wert ansteigen und ein Coin, den man nicht handeln kann, hat keinen Wert.

Ob der TBC wirklich ein S-Coin ist, wird sich über die Zeit zeigen. Bis dahin soll er aber als ein Beispiel dienen, warum man mit den Coins vorsichtig sein muss. Es ist einfach zu leicht, mit den neuen Währungen zu betrügen.

Die Investition

Wir haben bereits festgestellt, dass der Ethereum noch keine Währung ist, sehr wohl aber einen Wert darstellt. Aus diesem Grund ist der Ethereum auch als Investition eine Überlegung wert. Eine Investition kann auf verschiedenen Wegen erfolgen und es ist wichtig, dabei eine Abwägung des Risikos gegen den Gewinn vorzunehmen.

Die Wege einer Investition sind einmal die Anlage, der Handel, das Mining und das Funding. Jeder dieser Wege erfordert sein eigenes Vorgehen und bringt seine eigenen Risiken und Gewinnaussichten.

Die Anlage

Die Anlage ist in vielerlei Hinsicht die einfachste Form der Investition und bringt die Aussicht, einmal richtig abzusahnen. Dem steht jedoch die Gefahr gegenüber, einmal auch so richtig abzustürzen.

Bei der Anlage geht man einfach nur in das Internet und kauft sich eine bestimmte Menge der Coins ein. Das kann in einem einzigen Akt mit einer großen Summe oder über die Zeit hinweg mit einer kleinen Summe monatlich erfolgen. Der Vorteil des Letzteren ist, dass man nicht seine gesamten Spareinlagen auf einmal riskiert, sondern nur monatlich eine kleine Summe, die man vertragen kann.

Hat man sich für ein Schema entschieden, die einmalige oder die monatliche Anschaffung, dann geht man zu einer Tauschbude im Internet, einer Coinbörse oder einem Handelsplatz. Die Tauschbude ist der einfachste Weg, vor allem dann, wenn man nur einmal eine Summe investieren will. Hier muss man sich nicht lange mit dem Ablauf des Handels beschäftigen oder identifizieren. Man tauscht einfach die gewünschte Menge Geld direkt nach dem üblichen Tauschkurs in Ethereum-Token um.

Wer sich für eine monatliche, kleine Investition entschieden hat, kann sich auch an einer Coinbörse oder einem Handelsplatz umschauen. An einer Coinbörse geht der Handel automatisch vonstatten. Man gibt einfach nur ein, wie viele Token man zu welchem Preis erwerben will. Dabei muss es nicht unbedingt um ganze Token gehen. Man kann diese beliebig stückeln und dann auch mit sehr kleinen Summen die Bruchteile kaufen. Gibt es einen Anbieter an dieser Börse, dessen Preis und Menge mit dem eigenen Wunsch übereinstimmt, führt die Börse den Kauf automatisch aus.

An einem Handelsplatz muss man alles per Hand vornehmen. Man muss sich selbst unter den Angeboten kundig machen und dann das Richtige auswählen und ausführen. Das ist ein wenig umständlich und lohnt sich nur, wenn man wirklich jeden Monat zum günstigsten Preis Token erwerben will. Da auf einem Handelsplatz nichts automatisch geschieht, sind dort die Gebühren und damit die Preise entsprechend niedrig.

Für eine Anlage ist es wichtig, die erworbenen Coins über einen langen Zeitraum zu halten. Das können viele Monate oder Jahre sein. Da der Ethereum ständig steigt, macht man damit über die Zeit hinweg bestimmt einen Gewinn. Auf der anderen Seite steht natürlich die reelle Chance auf einen Absturz der Währung. Dann verliert man einen großen Teil seiner Investition, wenn nicht gar alles. Darum ist es hier am wichtigsten, den richtigen Moment für einen Verkauf zu erwischen.

Man sollte jedoch nicht zu lange warten und dabei alles riskieren. Besser man steigt etwas eher aus und macht einen ordentlichen Gewinn, anstatt auf das Maximum zu warten und dann mit in den Abgrund gerissen zu werden.

Der Handel

Der Handel ist eine der aufwendigsten Investitionen, doch er verspricht die höchsten Gewinne bei einem beherrschbaren Risiko. Der Handel setzt darauf, Kursgewinne einzustreichen und dann erneut zu investieren.

Der Ethereum geht zwar, insgesamt gesehen, ständig nach oben, doch bei genauerem Hinschauen kann man sehen, dass es viele kleine Aufs und Abs gibt. Diese Aufs und Abs nutzt man für den Handel aus. Dazu muss man jedoch zwei Dinge beachten. Erstens braucht man einiges an Zeit, um die Tricks, die man für den Handel braucht, zu erlernen. Zweites muss man eine Menge Zeit investieren, um auch wirklich alle Entwicklungen zu erwischen. Dann aber hat man eine gute Chance, viele kleine Gewinne einzusacken, die einen einzelnen großen Gewinn, wie bei einer Anlage, weit übersteigen.

Der Handel beginnt damit, dass man sich in einer Coinbörse oder einem Handelsplatz anmeldet. Tauschbuden sind hier keine Optionen. Diese haben sehr hohe Gebühren. Da man jedoch viele kleine Geschäfte vornimmt, würden einen die Gebühren zu hoch belasten.

In der Börse oder auf dem Handelsplatz angemeldet, verfolgt man die Kursentwicklung. Sobald man feststellt, dass der Ethereum ein wenig anzieht, kauft man ihn. Dann verfolgt man den Kurs weiter.

Sobald es nach einem Umschlagen, also einem Abfallen, aussieht, verkauft man seine Token wieder.

Beim Handel kommt es nicht darauf an, einen riesigen Profit zu machen. Jeden Tag 1 % ist besser als 100 % in einem Jahr. Dementsprechend begnügt man sich mit kleinen Gewinnen. Gleichzeitig steigt man permanent in die Währung ein und wieder aus. Man realisiert also seine Gewinne ständig. Dabei sollte man von jedem Gewinn einen Teil zur Seite legen. Wenn dann irgendwann der Absturz kommt, hat man bereits derartig viel Gewinn gemacht, dass der Verlust am eigentlichen Absturz kaum ins Gewicht fällt. Man hat also ein großes Maß an Sicherheit. Dem steht jedoch der Aufwand des permanenten Handels mit seinen vielen kleinen Risiken gegenüber.

Das Mining

Das Mining ist die direkteste Form der Investition. Man schafft dafür eine Menge Rechenleistung an. Das kostet Geld. Diese Rechenleistung stellt man der Blockchain zur Verfügung, das bringt Geld. Das Risiko ist hier jedoch hoch. Wenn man sich ein Netzwerk daheim mit all den schnellen Rechnern und GPUs aufbaut, investiert man eine hohe Summe. Diese kann aber schnell verloren sein, wenn die Währung abstürzt oder man einfach noch immer nicht genug Rechenleistung hat, um mit der Konkurrenz mitzuhalten. Aus diesem Grund ist es besser, klein anzufangen. Anstatt also komplett allein, sollte man als Teil einer Cloud mit dem Mining beginnen. Auf die Anmietung eines Cloudservers sollte man jedoch verzichten.

Die Gewinnaussichten beim Mining sind begrenzt. Das liegt daran, dass sich bei der ständigen Aufrüstung der Miner kaum abschätzen lässt, wie oft man der Schnellste sein wird und welchen Anteil man innerhalb der Cloud an den geschürften Coins erhält.

Das Mining kann man also als eine sehr unsichere Investition betrachten. Es erfordert einen großen finanziellen Aufwand mit einem schwer abschätzbaren Gewinn. Daher sollte man hier, zumindest als Anfänger, im Hinblick auf die Kryptowährungen, Abstand nehmen.

Das Funding

Das Crowdfunding entwickelt sich immer mehr zu einer neuen Form des Investments. Dabei stellt jemand sein Projekt vor und er bekommt dafür von verschiedenen Kleininvestoren einen Geldbetrag. Dafür verspricht der Projektinhaber einen gewissen Gewinn. Dies geht auch so im Bereich der Kryptowährungen im Allgemeinen und dem Ethereum im Besonderen.

Für das Crowdfunding kann man sich einfach auf den einschlägigen Plattformen zu diesem Thema umschauen. Dort wird man sehr schnell Projekte finden. Um die Guten von den weniger guten Projekten zu unterscheiden, muss man jedoch genau recherchieren. Dazu sollte man als Erstes die Projektbeschreibung genau durchlesen.

Ein gutes Projekt stellt das eigene Projekt genau vor. Dazu kommt eine Beschreibung der Vision. Das Team hinter dem Projekt stellt sich ebenfalls vor. Ein Plan über das Erwirtschaften darf auch nicht fehlen.

Hat man die Projektbeschreibung gelesen, dann wird es Zeit, das Projekt online zu recherchieren. Das ist besonders dahingehend wichtig, festzustellen, ob das Team schon einmal negativ aufgefallen ist. Ist man auch mit dieser Recherche zufrieden, kann man sich an diesem Projekt beteiligen.

Projekte innerhalb des Ethereum drehen sich um drei verschiedene Themen. Einmal kann es ein Projekt der Macher des Ethereum selbst sein. In diesen Projekten geht es oftmals um ein Update des Coins. Es können aber auch Projekte von Minern sein. Diese drehen sich entweder um das Aufbauen eines neuen Miningzentrums oder das Entwickeln eines neuen Miningchips. In allen Fällen ist der Gewinn eine Beteiligung an den neuen bzw. den geschürften Coins.

Leider gibt es im Bereich des Fundings oft genug schwarze Schafe. Diese nehmen das Geld und behalten dann die geschürften Coins. Daher sollte man sich hier nur dann betätigen, wenn man mit der Währung schon etwas Erfahrung hat und besser versteht, was die Leute in ihren Projekten beschreiben. Außerdem kann man die schwarzen Schafe mit einer kleinen Internetrecherche mitunter schon von vornherein aussortieren.

Die Gefahren

Eine Investition ist natürlich immer mit Gefahren verbunden. Man kann sich einfach verspekulieren und auf das falsche Pferd setzen. Das kommt bei den besten Investoren vor und sollte einen nicht abhalten, es weiter zu versuchen. Kryptowährungen zu denen auch der Ethereum gehört, haben jedoch ihre ganz eigenen Gefahren, mit denen man rechnen und auf die man sich vorbereiten muss. Dazu gehören die Pyramidensysteme und das Verschwinden der gesamten Währung als solches. Bevor wir uns aber diesen beiden großen Problemen widmen, schauen wir auf ein kleines Problem.

Im Ethereum ist man seine eigene Bank. Das haben wir schon angesprochen. Daraus ergeben sich zwei Probleme. Das Erste ist, dass man seine Token nicht mehr nutzen kann, wenn man einmal seine Wallet verloren hat. Auch das wurde bereits angesprochen. Es bedeutet aber auch, dass alle Transaktionen endgültig sind.

Es kann immer einmal vorkommen, dass man bei einer Überweisung einen Fehler macht. Man gibt die falsche Nummer ein oder verschreibt sich beim Namen. In einer Bank ist das kein Problem. Man geht einfach dorthin, holt sich das Geld zurück und macht dann die richtigen Angaben. In einer Blockchain geht das nicht. Alle Transaktionen sind endgültig. Man kann also das Geld, dass man an ein falsches Pseudonym geschickt hat, nicht mehr zurückfordern. Dazu kommt noch, dass man kaum weiß, wer sich hinter dem Pseudonym verbirgt. Man kann also auch außerhalb der Blockchain nichts weiter unternehmen. Einmal falsch transferiert, sind die Token nicht mehr erreichbar.

Kommen wir aber nun zu den Pyramidensystemen. Diese wurden oft genug als Schenkungsspiele und auf andere Arten angeboten. Heute aber werden sie als Sumpf angesehen, den man trockenlegen muss. Das ist auch richtig so, denn Pyramidensysteme sind nichts als Betrug.

Entwickelt wurden die Pyramidensysteme in den USA in den 1920. Wenn sie nicht offen als Spiel angegeben sind, erfolgen sie oft als Investition getarnt. Das ist ein Problem in den Kryptowährungen, weil diese noch sehr neu sind. Da ist es einfach, ein Pyramidensystem in diesen Währungen zu verstecken.

In einem Pyramidensystem wird einem nichts ahnenden Investor eine Investitionsmöglichkeit offeriert. Dieser investiert nun eine bestimmte Summe. Dabei ist er aber nicht allein, denn das Pyramidensystem baut gerade auf einen ständigen Zustrom an neuen Investoren. Bleiben diese aus, dann bricht das System zusammen.

Neue Investoren werden mit großen Versprechungen angelockt. Dabei werden zwar große Gewinne benannt, doch wie diese erwirtschaftet werden, wird nicht weiter erläutert. Hat also ein Investor eine bestimmte Summe in das System eingebracht, erwartet dieser, dass das Geld benutzt wird. Zum Beispiel wird damit etwas gebaut oder etwas angeschafft. Damit wird dann mehr Geld verdient und ein Teil dieses Geldes fließt zu dem Investor als Gewinn zurück. In einem Pyramidensystem erfolgt jedoch keine echte Investition. Der Investor bringt sein Geld ein und der Macher des Systems behält das Geld für sich und macht sich damit ein gutes Leben.

Pyramidensysteme leben von einer ständigen Rekrutierung neuer Investoren und davon, dass die alten Investoren nicht aussteigen. Dabei wird ihnen ständig ein höherer Gewinn versprochen, damit sie ihr Geld in der Investition lassen. Sollten sie aber dennoch ihr Geld abziehen wollen, so wird ihnen das ohne Probleme ermöglicht und sie erhalten eine Gewinnauszahlung. Die Gewinnauszahlung stammt aber nicht von einem wirklich erwirtschafteten Gewinn, denn diesen gibt es nicht. Die Gewinnauszahlung kommt aus den Einlagen der anderen Investoren. Indem aber derjenige, der aussteigen will, dieser Ausstieg mit einem ordentlichen Gewinn ermöglicht wird, schafft das Pyramidensystem Vertrauen bei den anderen Investoren.

Das System bricht zusammen, wenn sich keine neuen Investoren mehr finden lassen, um die Kosten des Systems zu tragen oder die Investoren, die bereits eine Summe eingebracht haben, ihr Geld abziehen. Dann bekommen die Ersten von ihnen wenigstens noch etwas, der Rest geht aber leer aus.

In der Welt des digitalen Geldes erleben die Pyramidensysteme einen riesigen Aufschwung, was einfach an der Unkenntnis der Nutzer liegt. Darum sollte man als Investor immer dann hellhörig werden, wenn großartige Gewinne versprochen werden, aber nicht erklärt wird, wie genau sie erzielt werden.

Als ob das Florieren der Pyramidensysteme nicht schon schlimm genug ist, besteht bei allen digitalen Währungen, was den Ethereum eindeutig mit einschließt, die Gefahr, dass diese über Nacht verschwinden. Dafür gibt es mehrere Gründe.

Als Erstes wird von vielen Wirtschaftsweisen der Bitcoin und die anderen digitalen Währungen als ein gewaltiges Pyramidensystem angesehen. Dabei steigt der Wert dieser Coins oder Token nur, weil immer mehr Leute in sie investieren. Das generiert eine künstliche Nachfrage, die aber im echten Leben nicht besteht. Wenn dieser Hype eines Tages aufhört, dann brechen die Preise gewaltig ein. Weil dann jeder seine Coins sofort verkaufen will, wird der Preis noch weiter sinken. Am Ende verschwindet dann die Währung, weil sie keiner mehr haben will. Sie wird auch nirgendwo als gesetzliche Währung anerkannt, damit ist sie auf die Akzeptanz der Nutzer angewiesen. Wenn sie aber keiner mehr haben will, ist die Währung damit erledigt.

Ein anderes Szenario vergleicht die Kryptowährungen mit einer Blase. Diese kennt man schon zur Genüge aus dem Immobilienbereich oder den Aktienmärkten. Dabei entwickelt sich aus einer realistischen Nachfrage ein unrealistischer Preis. Dieser Preis steigt und steigt, bis er den tatsächlichen Wert weit hinter sich gelassen hat.

Der Preisanstieg wird oftmals mit der Theorie des größeren Idioten erklärt. Jeder, der diesen hohen Preis bezahlt, weiß, dass der Preis idiotisch hoch ist. Doch der Käufer erwartet, einen noch größeren Idioten zu finden, der ihm dann die Immobilie oder die Aktien für einen noch größeren Preis abkauft. Dieses System bricht aber irgendwann zusammen und die Preise fallen auf ein normales Niveau oder sogar noch auf ein Niveau weit darunter. In diesem Fall hat man jedoch wenigstens eine Immobilie, die irgendwann wieder einen guten Preis erzielen kann. Bei den Kryptowährungen hat man aber nur ein paar digitale Einheiten, die absolut keinen Wert mehr haben. Die Folge ist, dass viele aus der Währung aussteigen, was deren Talfahrt bis zu dem Punkt erweitert, bis niemand mehr die Währung haben will und sie sang- und klanglos im Nichts verschwindet.

Ein wieder anderes Szenario sieht ein Ende der Kryptowährungen, wenn sich das Mining nicht mehr rentiert. Die Rechenoperationen für das Mining werden zunehmend komplex. Dabei wird irgendwann ein Niveau erreicht, wenn der Wert der geschürften Coins den Aufwand nicht mehr deckt. Außerdem haben viele Blockchains ein begrenztes Protokoll. Irgendwann ist die Höchstanzahl an geschürften Coins erreicht. Dann müssen sich die Miner über Gebühren finanzieren. Diese können aber sehr schnell eine Höhe erreichen, die für die Teilnehmer nicht mehr akzeptabel ist. Dann verlassen die Nutzer oder die Miner oder beide die Blockchain und das ist dann erneut das Ende der Währung.

Ein weiteres Szenario sieht das Ende der Währungen in einem Verbot. Die Kryptowährungen beziehen ihren Wert zu einem nicht unerheblichen Teil aus den Investitionen, die das organisierte Verbrechen als Quelle haben. Es ist nämlich gar nicht so leicht für kriminelle Vereinigungen, ihr Geld zu bewegen oder zu waschen. Dank der Kryptowährungen jedoch können sie es ganz einfach transferieren und dank des Verkaufes in den Coinbörsen erhalten die Gelder dann einen legitimen Anstrich. Die Staaten sind sich dessen bewusst und es ist nur eine Frage der Zeit, bis sie gegen diese Machenschaften vorgehen.

Alle diese Szenarien beschreiben plausible Wege, wie die digitalen Währungen wieder verschwinden können. Doch man muss nicht einmal so weit gehen. Der Wert der heutigen Coins und Token ergibt sich aus der Nachfrage, die kaum befriedigt wird. Man kann also sagen, dass die Coin-Millionäre, deren Coins also Millionen Dollar oder Euros wert sind, nur Millionäre sind, weil sie ihre Coins nicht verkaufen. Werfen sie aber ihre Coins im Millionenwert auf den Markt, würde die Nachfrage sofort befriedigt, was einen augenblicklichen und drastischen Werteverfall zur Folge hat. Der Coin-Millionär könnte also damit enden, dass der Verkauf seiner Coins nicht Millionen, sondern nur Tausende von Euros liefert. Als Coins jedoch bringen die Währungen kaum etwas, weil sie nur an sehr wenigen Stellen als Währung akzeptiert sind.

So geht es

Wer sich jetzt als Anfänger an dem Ethereum beteiligen will, sollte dies vor allem langsam und vorsichtig tun. Als Erstes muss man sich eine Wallet erstellen. Das geht auf dem Desktop einfach und automatisch vonstatten, sobald man sich in der Blockchain anmeldet.

Die ersten Token kann man über eine Tauschbude erhalten. Dann beobachtet man am besten den Markt. Hier wird man schon schnell seine eigenen Präferenzen kennenlernen. Will man nicht viel Zeit und Geld investieren, dann kauft man einfach hin und wieder oder einmal im Monat eine kleine Summe in Token in einer Coinbörse oder auf einem Handelsplatz. Will man nur einmal einsteigen, dann tauscht man eben die gewünschte Summe in einer Tauschbude ein.

Man kann sich dann jeden Tag etwas mehr umsehen. Wenn es in den Fingern juckt, dann kann man zu einem Händler werden und die Token immer wieder in Euros umwandeln und umgedreht und so immer einen kleinen Gewinn einstreichen. Wenn das aber zu aufwendig ist, dann hält man einfach seine Investition und hofft auf einen stetigen Anstieg.

Wenn die Summe in der Wallet wertvoller wird, dann wird es Zeit, über eine andere Wallet als die Desktop-Wallet nachzudenken. Man kann Wert auf Sicherheit und Bequemlichkeit setzen und eine Hardware-Wallet verwenden. Wenn man noch mehr Sicherheit will und einem die Bequemlichkeit egal ist, dann druckt man sich eine Paper-Wallet.

Braucht man die Token unterwegs, weil man zum Beispiel auf eine Tauschparty geht, dann schafft man sich kurzerhand noch eine Mobile-Wallet an oder man transferiert ein paar Token in eine Online-Wallet. Auch die Mobile-Wallet sollte man mit Token nicht gerade überladen. Dann kann man die Mobile-Wallet mit sich auf seinem Smartphone herumtragen oder auf die Online-Wallet von seinem Smartphone aus zugreifen.

Hat man schon etwas Erfahrung mit den Token gesammelt, kann man sich auch an eine größere Investition wagen. Das ist auch vor allem dann interessant, wenn man selbst etwas IT-begabt ist. Dann kann man sich doch einmal als Cloudminer versuchen. Wer jedoch eher ein Händchen für gute Projekte hat, kann sich auch an das Funding wagen.

Bei allen Investitionen sollte man aber immer bedenken, dass die Währungen noch nirgends gesetzlich anerkannt sind. Im Gegenteil, über den Währungen schwebt beständig das Damoklesschwert des Verbotes. Ebenso ist die Entwicklung der Preise ein Indiz, dass diese in nicht allzu ferner Zukunft abstürzen. Man kann natürlich versuchen, bis dahin einen ordentlichen Gewinn einzufahren. Man muss aber Vorsichtsmaßnahmen ergreifen, damit man nicht zu denen gehört, die mit einem Verkauf warten, bis es zu spät ist. Das geht am besten als Händler, denn durch den Handel realisiert man einen kleinen Gewinn fast jeden Tag oder jede Woche.

Hat man es geschafft, zu einem Coin-Millionär zu werden, sollte man sich der fragilen Natur dieses Status bewusst sein. Will man also seine Millionen einstreichen, darf man die Token auf gar keinen Fall alle auf einmal auf den Markt werfen. Stattdessen verkauft man sie über einen langen Zeitraum verteilt in kleinen Tranchen. Dieser Zeitraum sollte über Jahre gehen und man sollte sich auch hier wiederum bewusst sein, dass gerade dieser langsame und anhaltende Verkauf die Preisentwicklung des Tokens hemmt.

Während der Aufbewahrung der Token gilt es, immer einen großen Wert auf Sicherheit zu legen. Man ist nur allzu leicht das Opfer von Hackern oder Viren. So hat es schon einmal ein Coin-Millionär geschafft, seine Coins im Wert von 7,5 Millionen einfach so zu verlieren. Ein Virus zerschoss sein Betriebssystem. Eine anschließende Reinstallation löschte die Wallet. Damit war der Schlüssel weg und er konnte nicht mehr auf seine Coins zugreifen.

Neben diesen Gefahren gilt es auch immer die Augen aufzuhalten, damit man nicht auf Pyramidensysteme oder andere Betrügereien hereinfällt. Man ist eben seine eigene Bank und trägt für alles seine eigene Verantwortung.

www.ingramcontent.com/pod-product-compliance
Lightning Source LLC
Chambersburg PA
CBHW071230220526
45468CB00002B/798